시퍼렇게 살아계신 하나님

처지와 상황을 이기고 열정과 담대함으로 하나님을 증거하는 삶

시퍼렇게
살아계신
하나님

안호성 지음

규장

이 시대의 다윗이 되어
하나님의 살아계심을 삶으로 증명하라!

　사무엘상 17장은 그 유명한 다윗과 골리앗의 싸움으로 우리에게 친숙한 장입니다. 이 내용은 불신자들도 알고 자주 거론할 만큼 매우 유명하고 많은 이들이 관심을 가져서, 많은 이들이 말도 안 되는 싸움, 정말 게임이 되지 않는 승부나 대결을 가리켜 "마치 다윗과 골리앗의 싸움 같다"라고 말하곤 합니다.

　하지만 우리가 주목할 것은 다윗과 골리앗의 현격한 전력의 차이나 말도 안 되는 조건의 승부가 아니라 바로 '그 대결의 승자가 누구였느냐'입니다.

　많은 그리스도인이 대결의 불합리함과 말도 안 되는 조건에만 집중하느라 그 싸움의 결과를 망각하고 있는데, 기억해야 할 것은 승리자는 바로 다윗이었다는 것입니다. 더 정확히 말씀드리면 하나님의 능력을 등에 입은 다윗의 승리였다는 것입니다.

저는 이 책을 통하여 이 책을 읽고 있는 당신이 바로 이 시대의 다윗임을 상기시켜 드리고 싶습니다. 이 악한 세대와 안티 기독교적 정서 속에서 믿음을 지키며 살아간다는 것은, 또 우리 청소년과 청년들이 세상과 타협하지 않고 불신앙적 유혹에 흔들리지 않고 살아간다는 것은, 그리고 더 나아가 교회가 전도하며 부흥을 꿈꾸는 것은 소년 다윗이 거인족의 용사 골리앗에게 도전하는 것과 다르지 않을 것입니다.

하지만 반드시 기억해야 합니다. 여전히 당신이 하나님이 시퍼렇게 살아계심을 믿고 그 능력을 의지하며 '할 수 있다'라는 마음만 가진다면 이 시대에도 다윗이 아닌 골리앗이 박살 나서 쓰러질 것이고, 이 시대의 다윗은 바로 당신이 될 것입니다.

하나님은 시퍼렇게 살아계십니다! 골리앗에 대한 다윗의 분노는 바로 골리앗이 살아계신 하나님을 능멸하고 부정하는 것을 향한 것이었습니다. 그래서 다윗은 골리앗에게 항전하며 반복적으로 "살아계시는 하나님"을 외쳐대고 있습니다.

다윗이 곁에 서 있는 사람들에게 말하여 이르되 이 블레셋 사람을 죽여 이스라엘의 치욕을 제거하는 사람에게는 어떠한 대우를 하겠느냐 이 할례 받지 않은 블레셋 사람이 누구이기에 <u>살아계시는 하나님</u>의 군대를 모욕하겠느냐 삼상 17:26

주의 종이 사자와 곰도 쳤은즉 <u>살아계시는 하나님</u>의 군대를 모욕한 이 할례 받지 않은 블레셋 사람이리이까 그가 그 짐승의 하나와 같이 되리이다 삼상 17:36

오늘 여호와께서 너를 내 손에 넘기시리니 내가 너를 쳐서 네 목을 베고 블레셋 군대의 시체를 오늘 공중의 새와 땅의 들짐승에게 주어 <u>온 땅으로 이스라엘에 하나님이 계신 줄</u> 알게 하겠고 삼상 17:46

교회의 침체와 교인 수의 감소로 많은 교회가 문을 닫고 많은 사역자가 임지를 찾지 못하는 이 시대에, 오히려 타 종교와 이단들은 공격적으로 영역을 확장하는데 교회는 마치 머리카락 잘린 삼손처럼 조롱당하고 하나님의 살아계심은 의심받고 있습니다.

  특히 이 시대의 크리스천 젊은이들, 사역과 개척을 꿈꾸고 준비하는 사자 목사님들의 심장에 다윗의 이 거룩한 분노가 담기기를 바랍니다. 이 시대에도 하나님은 시퍼렇게 살아계시고 그 능력 여전하실진대, 그 믿음을 입술로 주장하는 자들이 아니라 각자의 사역과 삶으로 증명해 보이는 이 시대의 다윗이 되기를 축복합니다.

  저는 대한민국에서 복음화율이 가장 낮은 경상도 땅, 태곳적부터 우상과 미신, 그리고 불교문화에 찌든 울산의 생면부지 땅, 리단위 농어촌마을에 홀로 개척을 하였습니다. 열악한 교단세 속에서 이단 소리를 들어가며, 새파랗게 젊은 총각 전도사가 하루하루를 마치 다윗이 골리앗에게 항전하듯 몸부림치며 도전하고 싸워가면서도 결단코 잃어버리지 않은 하나의 꿈은 바로 이 교회와 나의 목회로 인하여 '하나님은 오늘도 시퍼렇게 살아계신다!'라는 것을 온 세상에 증명해 보이겠다는 일념이었습니다.

그래서 조금 편하고 쉬운 선택의 길이 주어져도 그것이 하나님의 살아계심을 증명하는 데 장애가 된다면 과감하게 포기하고, 어렵고 힘들더라도 하나님 살아계심이 더욱 잘 증명될 수 있는 상황과 조건만을 선택하며 목회했습니다.

마치 엘리야가 제단에 불이 떨어져야 사는데도 그 제단에 물을 끼얹어 장작더미를 흥건하게 적신 것처럼, 그저 부흥함이 목적이 아니라 부흥을 통하여 하나님 살아계심을 드러내야 한다는 사명감으로 하나님만 의지했더니 하나님은 저와 우리 울산온양순복음교회를 붙드시고 부흥을 허락하셨습니다. 또한 시대를 향한 거룩한 영향력을 주서서 전국 전세계를 돌아다니며 하나님의 살아계심을 간증하고 선포할 수 있게 해주셨습니다.

부족한 자가 사역과 삶의 작은 열매들을 이 책을 통해 부끄럽게 고백함은 자랑이나 홍보가 아니라 오직 이 땅의 많은 그리스도인들이 더 이상 무덤 속에서 잠들어계신 예수님이 아니라, 성경책 속 문자나 활자에 갇혀 전설과 신화처럼 취급받는 하나님이 아니라 지금 이 순간에도 시퍼렇게 살아 역사하고 계신 하나님을 다시금 만나길 소망하기 때문입니다.

개척과 목회의 시작부터 꿈꾸었던 규장에서의 출판을 이뤄주신 하나님께 감사와 영광을 돌립니다. 부끄러워 도망치고 싶고 포기하고 싶을 때마다 끝까지 용기 주시고 기도로 응원해주신 여진구 대표님, 그리고 산고(産苦)와 같이 힘겨웠던 출간의 과정을 함께해주신 편집팀과 규장의 모든 식구들에게 감사드립니다.

　그리고 가장 감사한 사람들…. 다듬어지지 않은 내가 마음껏 사자처럼 사자후를 토하듯 말씀 전하고, 거침없이 목회할 수 있도록 섬겨주시고 든든히 곁을 지켜주시는 나의 사랑, 나의 자랑, 나의 기쁨인 우리 울산온양순복음교회 모든 성도들과 가족들에게 지면을 통해서나마 감사하고 사랑한다고 고백드리고 싶습니다.

세상에서 가장 행복한 그리스도의 종

안 호 성 목사

프롤로그

PART
1

내 뜻대로
되지 않는 인생

chapter 1 신앙과 목회의 유산   14

chapter 2 뒤늦은 사춘기   29

chapter 3 신실한 탕자 생활   41

chapter 4 요나 같은 나를 부르시다   50

PART
2

나는 사명으로
심장이 뛴다

chapter 5 세 가지 비전   74

chapter 6 순복음의 무덤 울산으로   90

chapter 7 연명이 아닌 사명의 인생   103

chapter 8 혹독하지만 복된 광야의 시간   130

PART
3
교회는
하나님의 것이다

chapter 9   가는 성도, 오는 성도   156

chapter 10   하나님 앞에서, 사람을 향하여   170

chapter 11   교회를 짓다, 교회를 세우다   184

chapter 12   하나님의 기쁨, 하나님의 시선   201

PART
4
Keep
Going!

chapter 13   예배   219

chapter 14   기도   228

chapter 15   말씀   234

chapter 16   감사와 겸손   241

chapter 17   전도와 나눔   254

내 뜻대로
되지 않는 인생

PART

1

신앙과 목회의 유산

불신 가정에 뿌려진 믿음의 씨앗

나의 가장 존경하는 선배 목회자이자 친구이며 중보기도자이신 부모님은 들에 홀로 핀, 실로 잡초 같고 야생화 같은 믿음의 주인 공들이시다. 아버지는 9남매의 막내로, 어머니는 7남매의 막내로 태어나셨다. 두 분 모두 아무도 믿지 않는 집안에서 성인이 되어 처음으로 예수님을 영접하고 믿음의 1세대로 신앙생활을 시작하 셨다.

아버지의 회심은 정말 극적이었다. 아버지는 동네에서 유명한 주먹으로 건달처럼 지내며 악행을 저질러, 해병대를 지원하여 월남 전에 파병될 때는 죽어서 안 돌아왔으면 좋겠다고 말하는 사람이 많았을 정도로 형편없는 인생을 사셨다고 한다. 전쟁 중에도 술과 담배가 인생의 즐거움이었고 자신의 운동 실력과 천운으로 전쟁에 서도 살아왔다고 여겼다.

그러던 어느 날, 한 지인의 부탁으로 이틀 동안 서울 대조동 순복음신학교 수위실에서 대신 숙직을 서게 되었다. 믿음이 전혀 없던 아버지는 신학교 수위실에 소주와 담배를 가지고 가서 책상에 다리를 걸치고 소주를 병나발 불다가 벽에 붙어 있는 섬뜩한 그림을 마주 대하게 된다.

그 그림은 피를 흘리시며 십자가에 달리신 예수님의 성화였다. 아버지는 너무 놀란 나머지 "저 새끼는 뒤져도 참 더럽게 뒤졌네. 도대체 무슨 죄를 지었길래 저렇게 더럽게 뒤진 거야?"라고 중얼거렸다. 그때 "바로 너 때문이다"라는 음성이 들렸다.

너무 생생하여 주위를 둘러봤지만 아무도 없었고, 그간 자신이 저질렀던 악행과 죄들이 순식간에 영화처럼 머릿속을 스쳐갔다. 그리고 내 힘과 행운으로 무사히 살아왔다고 여기며 나는 불사조라고 자랑했던 자신을 그림 속 그분이 등 뒤에서 안으시듯 모든 총탄과 포화를 막아주고 계시는 장면을 보았다.

너무 놀라 그 자리에서 무릎 꿇고 눈물을 흘리며 회개한 아버지는 그 길로 예수님을 영접하고, 신학교가 그분의 종들이 공부하는 곳이니 그 종들을 섬기겠다고 신학교에 들어가 허드렛일부터 할 수 있는 일들을 하기 시작했다. 그러다 한 선교사님의 눈에 띄어 입학을 권유받고 신학교에 입학했고, 그곳에서 어머니를 만나 캠퍼스커플로 결혼에 이르게 되었다.

아버지는 신학교를 다니기는 했지만 학교 앞에서 서점을 운영하며 목회자를 잘 섬기는 장로, 전도 열심히 하는 장로가 되기를 꿈꾸었다. 그러나 어린 첫 딸이 죽을 고비에서 살아난 일이 계기가 되어 목회자의 길을 가기로 결심했다.

기도와 눈물로 범벅 된 부모님의 목회 현장

모든 것을 정리한 부모님은 목회자가 없어서 간절히 기다리고 있던 시골 감리교회를 첫 목회지로 정하고 충청남도 공주의 산골 마을로 내려가셨다. 전기도 안 들어오고 버스도 들어오지 않는 산골 마을, 성도도 몇 명 없는 작은 교회였다.

게다가 아버지는 교단을 감리교로 바꾸었기에 다시 감리교 신학을 공부하기 위해 주일예배를 인도한 후에는 서울로 올라가 일주일 동안 계시다가 토요일에나 돌아오셨다. 그동안 어머니는 어린 세 자녀를 돌보며 교회를 지키면서 그 시골 산속에서 눈물과 기도로 하루하루를 살아내셨다.

기도로 감당한 주일학교 목회

부모님은 어릴 적에 교회를 다닌 경험이 없어서 주일학교 생활을 전혀 모르셨다. 그러니 여름성경학교나 성탄절 시즌이 돌아오면 항상 교대로 금식하시며 기도로 준비하셨다. 아무것도 모르는 상황이 전적으로 하나님만 의지할 수밖에 없는 영적 배수진(背水陣)

이 되었던 것이다.

지금은 인터넷 동영상이나 좋은 교사 강습회가 넘쳐나지만, 주일학교 찬양과 율동 등 어린이를 위한 목회 콘텐츠를 쉽게 접할 수 없었던 그 시절에 부모님은 정말 하나님만 전적으로 의지한 채 기도만으로 목회를 감당하셨다. 그래서 재미있는 것은 우리만 아는 찬송가와 율동이 많다. 어디 가서 배울 수 없으니 두 분이 아예 자체적으로 만들어버린 것이다.

손재주가 좋으신 아버지는 그림으로 된 성경 이야기를 이어붙이고 나무상자를 TV처럼 만들어 손잡이로 돌리면 그림이 움직이는 수동 텔레비전을 고안해 내셨다. 아버지가 그림을 천천히 돌리시면 그 그림에 맞추어 어머니가 성경 이야기를 들려주셨다.

별 놀이기구나 볼거리가 없던 그때 수많은 아이들이 몰려들어 교회는 부흥했고, 음식 솜씨가 좋으신 어머니는 없는 형편에서도 늘 아이들에게 간식과 식사를 만들어 대접해주셨다. 카레를 처음 본 아이들이 똥이라고 도망치던 우스운 그 시절 그 장면도 추억이 되어 가끔 나를 웃음 짓게 한다.

아버지는 수요일은 어른 기도회로, 목요일은 아이들 저녁 기도회로 모이게 하셨다. 목요일 저녁이면 예배당은 그 깜깜했던 시골 동네, 거의 십 리나 되는 곳에서부터 손전등을 손에 들고 인적 드문 시골 논길을 걸어 몰려든 아이들로 북적거리며 가득 찼다.

동네 대소사의 만능 목회자

옛날 선배 목회자들은 지금처럼 목회자가 목회만 잘하고 설교만 잘하면 되는 것이 아니고 정말 만물박사 맥가이버처럼 오만가지 일을 다 챙기고 도우셔야 했다.

새벽에 사택 문을 부술 듯이 두드리는 다급한 소리에 온 식구가 잠을 깼다.

"목사님, 우리 소가 이상해유."

소가 아파 죽으려 하자 성도님이 급한 마음에 목사님을 찾아온 것이다.

"알았어요, 조금만 기다리셔요."

아버지는 다급하게 점퍼를 입고 뛰어나가셨다. 지금도 나는 그날 그 새벽에 아버지는 아픈 소에게 달려가 무엇을 하고 오셨는지 궁금하다!

'소뿔을 잡고 기도를 하셨는가? 소한테 안수를 하셨는가?'

실제로 내 어릴 적 기억에 동네에 돼지 콜레라가 돌아 동네 돼지들이 다 죽어갈 때 한 권사님의 간절한 부탁에 돼지 심방(?)을 가신 아버지가 돼지머리에 안수를 하셨고, 서지도 못하고 다 죽어가던 돼지가 홀로 살아나 온 동네 돼지 중에 유일한 생존돈(?)이 되었던 웃지 못할 일도 있었다.

아버지는 수의사뿐 아니라 장의사 역할도 하셔야 했다. 온 동네에 장례만 터지면 사람들은 아버지를 찾아와 장례를 부탁했다. 지금처럼 장례식장에 가서 예배만 드려주면 되는 것이 아니라 시신 수습부터 입관, 하관, 때로는 묏자리 고르는 지관의 역할도 해야 했다.

예전 시골 마을에서는 집에서 장례를 치르는 경우, 시신이 있는 방에 너무 불을 때거나 한여름에 이미 부패가 진행되기 시작한 시신을 염하다 보면 살이 방바닥에 붙어 떼어내야 할 때도 있고 시신에서 물이 나올 때도 있는데 그 물 색깔이 꼭 수정과 색깔이라고 한다. 한번은 손상된 시신을 혼자서 염하고 간신히 끝내고 나오는 아버지에게 시골에서 변변히 대접할 것이 없어 수정과를 한 사발 내놓았다고 한다. 그것을 보고 기겁한 아버지는 지금까지도 수정과를 들지 않으신다.

금식과 섬김으로 베푼 사랑

두 분은 동네 곳곳 일손이 필요한 곳과 힘들고 어려운 분들을 일일이 찾아다니며 돕고 섬기고 복음을 전하셨다. 모내기 철이면 아버지는 못 줄을 잡으시고, 어머니는 미숫가루를 커다란 고무대야(일명 '다라이')에 타서 새참으로 종일 이어 나르셨다. 동네에서 유일하게 냉장고가 있던 우리 집은 여름이면 대접에 얼음을 얼려 농사짓는 주민들의 논과 밭에 시원한 얼음냉수를 배달했다.

동네 주민들은 동네의 대소사를 무당에게 물어보고 결정할 정도로 무속신앙으로 찌들어 있었으나 부모님은 그런 동네 주민들을 이렇게 섬기며 조금씩 변화시켜서 몇 년 뒤 다른 교회로 임지를 바꾸실 때는 동네 주민 거의 대부분을 전도하셨다.

어릴 적 내 기억 속 아버지, 어머니는 깡마른 모습으로 떠오른다. 금식기도를 너무 많이 하셨기 때문이고, 성도이든 아니든 동네의 어려운 분들을 언제나 힘껏 섬기고 챙기셨기 때문이다.

몇 해 전 아버지가 개척하고 건축하신 부여 상곡감리교회의 38주년 기념 성회를 인도하러 갔다. 작은 예배당이 가득 차서 감동스럽게 예배를 드렸다. 알고 보니 교인이 그렇게 많은 것이 아니라 오래전 아버지, 어머니를 기억하는 동네분들이 일부러 찾아와 주신 것이었다. 그분들이 내 손을 잡고 "안 목사님과 사모님이 배고픈 시절, 땅꾼과 거지들까지 먹이고 마을 주민들에게 그렇게 은혜를 베푸시더니 그 아들이 이렇게 잘 되었다"라며 흐뭇해하셨다.

나는 그냥 호성이인데

다섯 살 때 나는 내 이름이 '목사 아들'인 줄 알았다. 동네 사람들은 나를 '호성'이라는 이름 대신 '목사 아들'로 더 많이 불렀다. 나는 그냥 다섯 살짜리 호성이, 일곱 살짜리 호성이, 열네 살짜리 호성이일 뿐인데 사람들은 나에게 많은 부담을 지워주었다. 내 또래 아이들이 할 수 있는 실수나 언행도 나에게는 용납되지 않았다.

'우리 아버지가 목사님이지 내가 목사는 아니지 않나?'

이 당연한 사실을 나만 알고 다른 사람들은 모르는 듯했다. 목사님이야 스스로 결단하고 서원하고 목회를 시작하니 목회 중에 어려움이나 시련을 만나도 힘들지언정 억울하지는 않다. 사모님들도 그렇다. '어머! 장사하는 줄 알았는데 목사네?' 이렇게 속아서 시집온 건 아니지 않은가? 그러니 상처받고 서러운 시간도 스스로 감수하고 견뎌낼 수 있다.

하지만 목회자 자녀들은 그렇지 않다. 그들도 황당하다. 내가 목회자 자녀가 되겠다고 결단하고 태어났는가? 목회자 가정에 태어나겠다고 스스로 서원하고 태어났는가? 태어나 보니 목회자 자녀인 걸 알게 된다. 어찌 보면 나도 피해자이다.

이 글을 읽는 분들에게 부탁드린다. 목회자 자녀들에게 잘해주시라! 너무 윽박지르지 말고, 너무 기대치를 높게 보지 말고, 너무 부담 주지 말고 그냥 그 나이의 아이로, 어린이로, 학생으로 봐주시길 부탁드린다.

아버지의 평생 목회를 지켜보며, 또 내가 목회를 하며 느낀 점은 목회자가 행복할 때 교회는 부흥한다는 것이다. 목회자의 행복은 목회자 가슴에만 머물지 않고 반드시 성도들 가정의 축복과 은혜로 이어지고 전달되기 마련이다. 그러니 목회자가 자신의 목회 현장에서 행복을 느끼게 해주어야 한다.

목회자는 자신보다 자신 가족이 행복한 것을 볼 때 목회 현장에서 행복을 누린다. 목회자 사모에게 위로와 편지와 선물을 건네보

자. 목회자 자녀들에게 격려와 칭찬을 선물해보자. 그 작은 호의가 목회자를 다시 세우고 교회를 살리는 놀라운 축복과 부흥의 발원지가 될 수 있다.

어린 시절 나는 항상 지고 양보하고 내가 잘못도 안 했는데 먼저 사과할 것을 강요받았다. 너무 서러웠다. 목사 아들이라는 이유 하나로 어린 나에게 강요되는 너무 가혹한 요구였다. 누군가에게 폐를 끼쳐서도 안 되고 욕을 먹어도 안 되니 항상 눈치를 보는 게 버릇이 되었다.

내가 초등학교 3,4학년 때쯤, 여름성경학교가 성대하게 또 열렸다. 그때 여름성경학교 주제가 '성령의 아홉 가지 열매'였다는 것도 기억할 만큼 그 여름성경학교는 나에게 특별했다.

성경학교 마지막 날 추첨해서 선물을 준다고 주일부터 광고를 했는데, 그때 나는 2등 선물인 물총이 너무나도 탐났다. 더 비싼 1등 선물도 필요 없고, 그저 물총만 나에게 뽑히기를 정말 간절히 기도했다. 하나님께 잘 보이고 싶은 마음에 3일 동안 모든 프로그램에 정말 성실히 참여하고 최선을 다하며, 마음속으로 계속해서 '하나님, 2등 상품 꼭 저에게 주세요' 기도했다.

드디어 마지막 날 부장 집사님이 추첨을 시작했다. 아이들의 눈동자는 번호표가 든 헌금 주머니와 부장 집사님 손에 집중되어 흔들리지 않았다. 드디어 2등 추첨 시간! 기적처럼 정말 꿈처럼 내 번호가 불렸다. 심장이 터질 것 같았다. 그때까지의 생애에서 가장 갈망했던 상품이고 하나님의 응답이었던 것 같다.

너무 행복했고 하나님 시퍼렇게 살아계심을 내 인생 처음으로 경험하는 감격을 누리려는 그때, 내가 환호하며 일어서는 것을 보신 부장 집사님은 내 번호표를 헌금함에 넣고는 다시 추첨한다고 했다. 내가 목사 아들이니 양보하고 당연히 다른 아이에게 줘야 한다는 것이었다. 나는 너무 억울하고 서러워서 예배당에서 뛰쳐나왔다.

"나도 물총 갖고 싶은데…. 나는 목사 아들 아니고 그냥 호성이인데!"

내 졸업식 사진에는 아버지가 없다

내 졸업식 사진에는 아버지와 함께 찍은 사진이 없다. 아버지는 은퇴하실 때까지 늘 성도 가정 중 아버지가 없는 아이들의 졸업식을 대신 챙기며 짜장면을 사주시느라 정작 내 졸업식에는 참석하지 못하셨다. 아버지는 자식 없는 가정에 자식 노릇 하랴, 아버지 없는 가정에 아버지 역할 하랴 늘 바쁘셨다.

초등학교 6학년 때 천안에 독립기념관이 건립되어 문을 열었다. 학구적이던 나는 너무 가고 싶었지만 늘 목회로 바쁜 아버지 어머니를 아무리 졸라도 소용이 없었다. 그런데 겨울 방학 중 어느 날, 새벽기도 다녀오신 아버지가 나를 깨우며 말씀하셨다.

"아들, 어서 일어나 준비해라. 천안 독립기념관 가자."

우리 가족은 그 흔한 여름휴가 한 번 간 일이 없고 명절 한 번 쇤 적이 없다. 그런데 아버지가 내가 그토록 가고 싶어 했던 독립 기념관에 가자고 하시니 눈물이 날 정도로 기뻐서 추운 줄도 모르 고 찬물에 머리 감고 옷을 갈아입었다.

약속한 출발 시각, 아버지는 이미 승합차 운전석에 앉아 계셨고 나는 한달음에 차에 올랐다. 그런데 차에 이미 누군가가 타고 있 다가 나를 맞이했다.

"어서 와, 형. 여기 앉아."

우리 교회에 남편 없이 홀로 사시는 집사님의 아들이었다. 그러 면 그렇지…. 상황이 대충 짐작되었다.

예전에 아버지의 목회 현장에는 특별히 기도 응답을 잘 받는 분 들이 있었다. 어려운 일만 생기면 새벽기도에 나와 아버지가 기도 하시는 강단 바로 앞자리에서 울며불며 아주 구체적으로 기도하 신다.

"아이고, 하나님~ 우리 ○○가 수학여행을 가야 하는데 수학여 행비 13만 5천 원이 없어서… 반 아이들 다 가는데 혼자만 못 가게 되었는데… 다음 주 화요일까지 못 내면 혼자서 학교에 남아야 한 다는데 우리 ○○ 불쌍해서 어쩌누… 하나님 어쩐답니까?"

그러면 아버지는 집에 돌아와 한숨을 쉬시며 어머니와 함께 돈 을 만들기 시작하신다. 그리고 화요일 새벽기도 때 그 집사님이 기도하고 있는 자리에 슬그머니 봉투를 내려놓는다. 그러면 그 집사님은 감격에 젖어 행복하게 집으로 향한다.

"오, 하나님. 응답하셔서 감사합니다."

그런 분이 몇 분 더 있었는데, 그중 하나가 남편 없이 홀로 아들을 키우는 그 집사님이었다.

"아이고 하나님, 우리 아들이 독립기념관이 가고 싶다는데, 하루 벌어 하루 먹고 사는 형편에 제가 데려갔다 올 수도 없고, 다른 친구들은 다 가봤다는데, 이혼한 엄마 만나 우리 아들 불쌍해서 어쩝니까. 애비라도 있으면 데려갔다 왔을 텐데…. 우리 불쌍한 아들내미, 엉엉엉…"

그렇게 된 것이다. 나는 그 아이 때문에 얹혀서 독립기념관에 가게 된 것이었다. 천안 독립기념관 가는 길에 얼마나 서럽게 울었는지 아직도 그 시간이 잊히지 않는다. 하나도 행복하지 않았다. 나는 그날 알았다. 나는 독립기념관이 아니라 아버지와의 시간이 고팠던 것이다.

그때부터인 것 같다. 초등학교 6학년 때부터 나의 꿈은 항상 '행복한 가정'이었다. 장래 희망을 적는 칸을 어떤 직업이나 직종이 아니라 '행복한 가정'이 차지하기 시작했다. 어린 시절 나는 평범함이 행복이라 여긴 것 같다. 다른 가정들처럼 평범한 가족의 모습, 평범한 삶이 그냥 부럽고 행복해 보였다. 가족끼리 놀러도 가고, 명절에 친척 집도 다녀오고, 아버지와 손잡고 목욕탕도 가고 싶었다.

지금은 목회자로서 이해가 간다. 뒤늦게 신앙생활을 하고 목회까지 하게 된 부모님은 다른 곳에 신경 쓸 틈이 없었으리라. 목회에 올인 해도 늘 힘겹고 힘에 부쳤으리라…. 하지만 어린 나는 상처가 깊어져 갔다.

부모님이 남겨주신 영적 유산

오직 하나님만 바라보고 목회에 전념한 부모님의 삶은 나에게 상처이기도 했지만 동시에 위대한 영적 유산이 되었다.

아버지 어머니는 힘들게 목회하시면서도 항상 교회를 부흥시켜 교회 역사상 최고 영적 전성기를 이끌어내셨고, 교회 건축을 사명처럼 행하여 평생에 교회를 다섯 번이나 건축하셨다. 그리고 교단을 뛰어넘어 주변 교회의 어려운 목회자들 섬기기를 기뻐하셨다. 어머니는 훌륭한 음식 솜씨로 시골에서 좀처럼 접할 수 없는 음식들을 매달 주변의 목회자들에게 대접하셨고, 아버지는 어려운 목회자 가정들을 최선을 다해 돌보고 선교하셨다.

그 덕에 나는 흔한 학원 한번 다닐 수 없었다. 어느 날은 어려운 교회 목사님이 아버지를 찾아와 눈물을 흘리셨다. 딸의 학원비를 8개월 치나 밀려서 학원 원장이 나오지 말라고 했다며 학원을 계속 다니려면 밀린 학원비를 내야 한다는 것이었다.

아버지 어머니는 또 주저 없이 있는 돈 없는 돈 긁어모아 학원비를 만들어 목사님 손에 쥐어주셨다. 나는 그 목사님 딸이 부러웠다. 그래도 그 목사님 딸은 학원이라도 다녀봤지 않는가? 나는 학원을 다녀본 적이 없어서 학원비를 밀린 적이 없다.

부모님은 교회 건축과 선교, 구제에 힘쓰다가 은퇴하실 때는 특별한 기념행사도 없이, 친히 교인들을 위해 떡을 맞추어 주일에 나눠주시며 "이것이 우리 은퇴 떡입니다. 그동안 부족한 종 따라 신앙생활 해주셔서 너무 감사하고 행복했습니다"라고 인사하시고 은퇴 전별금이나 사택 지원 하나 없이 사임하여 조기 은퇴하셨다.

나는 헌 집을 사서 최선을 다해 수리해서 간신히 부모님의 거처를 마련해드릴 수 있었고, 평생을 교회 안 사택에서만 지내신 부모님은 은퇴 후 처음으로 교회에서 떨어진 집에서 사시게 되었다. 부모님은 물려주실 유산이 있다며 누나와 나, 여동생 우리 3남매를 불러 모으셨다. 10원 한 장 안 받고 은퇴하셨기에 물려주실 것이 아무것도 없는 것을 내가 아는데 무슨 유산을 물려주신단 말인가?

그날 3남매 부부를 앉혀 놓고 아버지는 한참 만에 입을 떼셨다.

"잘 들어라! 아빠 엄마는 지금껏 평생 목회하면서 단 한 번도 목회를 직업으로 하지 않았다. 단 하루도 먹고 살기 위해 직업으로 목회를 하지 않았다. 이것이 너희들에게 물려줄 가장 귀한 유산이고 너희들에게 상속할 축복이다."

나는 아버지의 묵직한 그 말씀에 하염없이 눈물을 흘렸다. 나도 목사로서 그 말씀이 얼마나 위대하고 강력한 선포인지를 알기 때문이다. 목회자가 자신을 가장 잘 알고 가장 가까이에서 자신의 삶을 지켜본 자녀들 앞에서 평생 목회를 정리하면서, 저리 자신 있고 당당하게 "단 하루도 목회를 직업으로 하지 않았다"라고 선포할 수 있는 사람이 과연 몇이나 될 것인가?

모든 것을 하나님께 남김없이 쏟아부어 드리고 사셨던 아버지 어머니는 아무것도 바라는 것도 없고 두려울 것도 없었다. 사람들 보기에는 큰 족적을 남기지도 않았고 엄청 큰 대형교회 목회를 한 적도 없으며 변두리 시골 마을 목사로 일생을 마무리한 변변찮은 인생 같을지라도, 부모님의 목회는 우리에게 돈으로 살 수 없는 가장 위대한 축복과 유산을 물려주신 것이다.

매일 새벽기도 마치고, 자고 있는 3남매 머리맡에서 "하나님께 우리 자녀들을 맡깁니다. 하나님이 책임져주시고 우리 자녀들 대학은 보내주세요"라고 눈물로 간구하시던 어머니의 기도가 당신들을 위한 유일한 기도였다.

하나님은 부모님이 드린 목회의 헌신과 전심을 다한 순수한 시골 목회자의 삶을 받으셨다. 자녀를 위한 어머니의 작은 기도를 들으시고 우리 세 남매를 축복하셔서 우리가 노력하고 수고하고 계획한 것보다 더 크게 높이고 우리가 생각지도 꿈꾸지도 못할 축복의 푸른 초장으로 인도해주셨다.

목회자 집안에서 탈출하다

나는 초등학교, 중학교를 집 근처에서 다녔다. 시골 마을인 데다 학교가 너무 가까워서 조금 과장하면 밥 먹다가 수업 시작 벨소리 듣고 달려가도 늦지 않을 정도였다. 그러니 학교에서의 모든 일이 집에 자동으로 알려지는 구조여서 목사 아들로서 조금도 어긋나거나 비뚤어질 수 없었고, 작은 일탈도 상상할 수 없었다. 내 삶의 동선은 학교-집-교회가 전부였다. 소극적이고 공부만 하던 나는 친구도 별로 없었고 교회 친구들이 다였다.

이렇게 재미없고 특별할 것 없던 내 삶에 전환점이 찾아왔다. 중학교를 졸업한 후 집에서 버스로 한 시간 이상 가야 하는 청주 청석고등학교로 배정받은 것이다.

목사 아들로 늘 지고 양보할 것을 요구받고 잘못된 언행은 조금도 용납되지 않는 그 집이 너무너무 힘들었던 나는 꿈에도 소원이 하루라도 빨리 목회자 집안을 탈출하는 것이었는데 처음으로 집, 교회와 멀리 떨어진 학교를 다니며 자유를 누릴 수 있었다. 내가 말만 안 하면 내가 목사님 아들인 것을 아무도 몰랐다. 누가 물어보면 아버지는 장사를 하신다고 둘러댔다. 매일 등교 전쟁으로 몸은 지쳤지만 마음은 너무 편하고 행복했다.

처음 느낀 자유로움과 더불어 사춘기가 늦게 찾아왔다. 외부로부터 짓눌려 있던 내 자아가 폭발했다. 누나와 여동생 사이에서 외아들로 곱게만 자라면서, 교회 친구들하고만 교제하며 싸움 한 번 해본 적 없던 내가 처음으로 싸움을 했다. 남고 입학 시즌이면 서열 싸움이 있는데 이때 희생양으로 나를 만만하게 보고 시비 걸어오는 녀석에게 덤볐다가 아주 치욕스럽게 시원하게 두들겨 맞았다. 완벽한 패배였다. 그날 나는 나를 때린 그 녀석을 졸업하기 전에 내 앞에 무릎 꿇리겠노라 다짐했다.

몰려다니며 싸움을 일삼는 불량 서클 친구들이 멋있어 보였고 그들을 동경했다. 운동도 열심히 했다. 1학년 때 나는 반에서 키가 가장 작은 편이었다. 키 순서로 번호를 매겼는데 제일 키 큰 친구가 1번이고 나는 50명 중 48번이었다(49번과 50번도 나보다 작은 것은 아니었고 말 그대로 도토리 키재기였다).

그런데 하나님의 은혜로(?) 키가 갑자기 크기 시작해 2학년 때 29번이 되었고, 2년 만에 키가 179센티미터까지 자라 3학년 때는 14번이 되었다. 싸움도 제법 늘어(정확히 말하면 깡이 늘었다) 학교

일진들과 어울렸다. 고3 때는 입학할 때 나를 때렸던 녀석이 정말로 내 앞에서 무릎을 꿇고 용서를 비는 일이 벌어졌다.

그때부터였던 것 같다. 지는 게 싫었다. 눈치도 보는 것도 지겹고, 이제 더는 양보하기도 싫었다. 이제 다시는 누구에게도 지면서 살지 않겠다고 결심했다. 아버지처럼 매일 져주고 배려하고 양보하면서 바보처럼 살아가지 않겠다고, 나 스스로 노력해서 반드시 승리하고 성공해서 잘 먹고 잘살겠다고 마음먹었다.

그러는 동안 상위권이던 성적은 곤두박질을 쳐서 내신이 바닥을 기고 있었다. 어릴 때부터 주변 사람들과 선생님들로부터 서울대 갈 것이라 기대를 모았지만 이런 처지라면 대학 가기도 버거웠다. 그런데 기적과 같이 내가 고3 때 처음으로 수학능력평가가 시행되었다.

나는 수능 1세대이다. 어릴 때부터 신문 읽기를 좋아하고 독서량이 많았던 나는 논리적이고 종합적인 사고력을 요구하는 수능 시험에서 학교 성적과 상관없이 좋은 점수를 받을 수 있었다.

명문대는 아니어도 서울에 있는 대학들에 들어갈 점수가 되었고 부모님은 신학대학에 가기를 원하셨다. 그러나 나는 그 뜻을 거스르며 부모님의 허락도 없이, 집에서 통학할 수 있는 지역 국립대학인 충북대학교의 정치외교학과에 입학했다.

나는 쓰레기였다

수능을 치른 후부터 나는 부모님에게 경제적 도움을 받지 않고 살겠다고 결심하고 경제적 자립에 나섰다. 과외부터 편의점, 공장 일까지 안 해본 아르바이트가 없을 정도로 열심히 살았다. 대학에 가서도 장학금과 아르바이트로 학비와 생활비를 마련했다.

고등학교 때부터 시작된 일탈과 홀로서기로 나는 삶의 방식도 성격도 완전히 바뀌어 다른 사람이 되어가고 있었다. 소극적이고 조용히 공부만 하던 안경잡이 호성이는 쾌활하고 거침없고 당당한 사람, 카리스마와 리더십 있는 사람이 되어갔고, 주변에 사람들이 많이 따랐다. 조직폭력배 친구들부터 명문대생들까지 두루두루 친했고, 대학 친구들부터 나이트클럽에서 춤추며 만난 친구들까지 폭넓게 사귀며 자유를 누렸다.

그런데 아버지께서 교회 내의 분란으로 사임하시는 사건이 있었다. 처음 경험하는 이 상황에 나는 피눈물이 흘렀다. 어떻게 하루아침에 사람들이 이렇게 변할 수 있는지, 잘잘못을 떠나 그 상황이 너무 싫고 배신감이 느껴졌다. 교회가 더 싫어지고, 목회자란 남들의 선택으로 하루아침에도 인생이 무너질 수 있는 수동적이고 나약한 존재로 내 마음에 각인되었다.

'나는 죽어도 저렇게는 살지 말아야지. 나는 때려죽여도 목사는 안 할 거야.'

이 일을 계기로 나는 세상으로 더 깊이 빠지고 자유를 찾아 방탕함으로 달려 들어갔다. 싸움이 나면 달려가 해결하고, 길을 가거나 버스에서 누군가 눈만 잘못 마주쳐도 두들겨 팼다. 심지어 선배들에게까지도 주먹을 휘둘렀다. 학과 앞에는 깡패 친구들이 매일같이 몰려와 진을 쳤다. 나는 정말 망나니 쓰레기였다.

가끔씩 '내가 까불고 방황하고 돌아다닐 때 우리 아버지는 얼마나 가슴 아프셨을까?' 생각한다. 길에서 우연히 만난 아들이 무서운 건달들과 어울리는 것을 보고, 어머니가 그냥 모른 척하고 지나치신 적도 있다고 한다. 얼마나 부끄럽고 얼마나 속상하셨을까.

그런데 요즘 우리 부모님은 나 보는 재미에 사신다. 방황하며 쓰레기같이 살다가 신앙을 회복하고 주의 종이 되어 그 길을 걷는 아들을 볼 때 우리 아버지가 얼마나 감격했겠는가(자녀 문제로 걱정하고 있는 사람들 절대 걱정하지 마라. 부모의 기도가 멈추지 않는 한 반드시 돌아오고 회복된다. 기도하는 자의 자녀는 결단코 망하는 법이 없음을 믿으시길 바란다).

지금 목사가 되고 순회 설교자가 되어 부흥성회를 인도하러 전국 세계 각지를 다니다 보면 가끔 그 시절 쓰레기 같던 내 삶을 기억하는 분들을 만날 때가 있다. 심지어 나한테 맞았던 피해자(?)가 집사님이 되어 만날 때도 있다. 쥐구멍에라도 숨고 싶고 도망치고 싶지만, 진심으로 사죄하고 함께 사진도 찍어주고 화해한다.

내가 목회자가 되었다는 소식에 충격을 받고 놀라는 분들도 많다. '그 깡패가 목회자가 되다니.'

'저런 쓰레기가 목사라니.'

부끄럽지만 이렇게 지난 과거를 들추어내는 것은 용기와 함께 지혜로운 선택이 분명하다. 남이 들추면 폭로지만 내가 스스로 하면 간증이다.

TV는 사랑을 싣고

2019년 1월, KBS 1TV의 〈TV는 사랑을 싣고〉라는 프로그램에서 나를 찾아왔다. 가수 홍경민이 "외롭고 어두웠던 내 삶을 빛으로 비추어 긍정적으로 변하게 해주고, 내 안에 잠들어 있던 끼와 재능, 사회성을 일깨워준 고마운 사람, 하지만 20년 동안 연락이 끊긴" 안호성 선배를 찾고 있다는 것이었다.

사실 나는 대학에서 다른 과 학생들도 많이 알 만큼 유명했다. 교내 행사에서 MC를 도맡았고, 따르는 후배가 많아서 팬클럽 비슷한 '호성's Family'라는 모임도 생길 정도였다. 그때 참 많이 아꼈던 후배들 가운데 한 사람이 바로 그 홍경민이다.

서울에서 내려온 경민이는 기숙사 생활을 했는데 밤이면 어울려 노는 것이 너무 좋아서 기숙사 문 닫기 직전까지 술 마시다 헤어지고, 기숙사 문이 잠긴 취침 시간에는 몰래 지하 체력단련실 창살을 뜯고 탈출(?)시켜 밤새도록 놀았다.

삼겹살이 먹고 싶다는 사랑하는 후배의 말에 그 새벽, 편의점에서 삼겹살 몇 줄을 겨우 사고 학교 소각장에서 넓적한 돌판을 구해다가 잔디밭에서 책을 태워 삼겹살을 굽고 소주잔을 기울였다. 10대에 방황을 경험하고 대학에 와서도 어두운 모습이었던 경민이는 이렇게 함께 어울리며 대인관계도 넓어지고 성격도 밝아졌다.

부끄럽지만 이 프로그램을 통해 경민이를 20년 만에 만나게 되었고 목사가 된 나를 보고 그가 깜짝 놀라는 모습이 방영되었는데, 많은 분들이 지난날의 내 모습을 욕하기보다는 오히려 변화된 삶을 긍정적으로 봐주시고, 선한 영향력을 끼치는 삶에 대해 칭찬과 격려를 해주셨다.

놀랍게도 그 프로그램을 통해 나를 알게 된 불신자들이 유튜브에서 나의 설교를 찾아 듣고 몇 달 만에 회심하여 교회를 다니게 된 경우가 많이 생겼다. 전국으로 집회를 다니다 보면 평생 불교신자로 살면서 한 번도 교회를 다녀본 적이 없다가 내 설교 영상을 통해 회심하여 신앙생활하고 있는 분들을 만날 때가 종종 있다. 정말 너무 행복하고 감사한 일이다.

나는 시대와 기성세대에게 문제아라고 낙인찍히고 방황하는 청소년들의 마음을 이해한다. 나처럼 잠시 흔들리고 방황해서 인생의 길을 잘못 선택한 성도들의 삶을 이해한다. 교회 밖 세상에서 신앙과 믿음을 지키고 살아가는 것이 얼마나 힘든지 성도들의 삶을 이해한다. 그런 지난날의 경험이 이해의 폭과 관계의 포용 범위를 넓혀 지금 나의 목회에 긍정적인 도움을 주고 있는 것이다.

넓은 스펙트럼이 나의 스펙

빛을 프리즘으로 통과시키면 빛이 분산되어 무지개색 띠처럼 나타나는데 이렇게 빛을 파장에 따라 분해하여 배열한 것을 스펙트럼 (spectrum)이라고 한다. 이 스펙트럼이 요즘은 추상적 개념이나 견해 따위에서 여러 갈래로 나뉠 수 있는 범위, 또는 공동체나 개인이 갈라진 견해를 포용하고 수용할 수 있는 허용 범위를 칭하는 단어로도 쓰인다. 이 포용과 이해의 스펙트럼이 얼마나 확장되었느냐가 바로 스펙(specification), 능력이다.

학벌, 외국어, 자격증 등 구직자에게 요구되는 스펙이 많은데 포용과 이해 범위의 넓음이라는 이 스펙이야말로 꼭 필요한 능력이고, 신앙과 사역에서도 마찬가지여서 하나님의 일을 하고자 하고 사명과 사역을 구하는 자에게 절실히 요구되는 능력이기도 하다.

나는 참 많이 부족한 사람이다. 겸손이 아니라 실제로 그렇다. 변변한 학위도 없고 나이도 많지 않아 경험이나 연륜도 적다. 교회도 지방에 있으며 규모가 크지도 않다. 그런데 과분하게도 많은 집회와 세미나, 방송과 출판 사역, 그리고 시대의 영향력을 맡겨주시는 이유는 바로 스펙트럼이 넓다는 그 한 가지 장점 때문이다.

어린아이부터 청장년, 연로하신 권사님과 장로님까지 말씀의 수용층이 넓다. 설교와 방송, 책을 좋아해주는 분들이 평신도부터 목사님까지 다양하고, 그 신앙의 연륜과 깊이도 다 다르다. 조직 폭력배 출신부터 박사, 의사, 교수님들까지 말씀을 좋아하고 교제하는 층이 넓다. 지역적, 정치적 스펙트럼도 넓어서 전라도든 경상도든, 보수든 진보든 사역에 부딪힘이 없다.

작은 교회부터 대형교회까지, 그리고 청소년과 청년 집회부터 장로님, 목사님들 대상의 집회까지 사역의 폭도 넓고 다양하다. 교단의 스펙트럼도 넓어서 어느 교단이든 가리지 않고 사역한다. 지금 이 글을 쓰는 중에 집회를 인도하는 교회는 창립 이후 70년간 단 한 번도 타 교단 강사를 세우지 않았던 곳이다. 다른 부분은 다 떨어지고 부족한 것투성이인데 딱 한 부분, 이 스펙트럼의 넓음이 높은 점수를 받아 여기저기서 쓰임 받고 있는 것이다.

예수님은 누군가를 포용하고 이해하는 것이 그들에게도 좋지만 나 또한 그들의 헤아림을 얻을 수 있고 내 영향력의 범주가 넓어지는 긍정적인 일임을 말씀하셨다.

비판을 받지 아니하려거든 비판하지 말라 너희가 비판하는 그 비판으로 너희가 비판을 받을 것이요 너희가 헤아리는 그 헤아림으로 너희가 헤아림을 받을 것이니라 마 7:1,2

역사적으로 성을 쌓은 국가나 공동체는 결국 망했고, 길을 닦고 소통의 통로를 연 민족과 공동체는 강성했다. 스스로 성을 쌓아 자신을 가두고 우물 안 개구리처럼 내 경험과 판단의 틀 안에 들어오지 않는 자들을 배척하지 말고, 길을 내고 소통하고 이해하고 포용하는 강력한 인생이 되기를 꿈꾸자! 내 사고와 신앙이 너무 편협하고 답답하고 좁아터지지 않았는지 오늘 주님 말씀의 프리즘으로 그 스펙트럼을 점검해보자.

본질과 핵심을 붙들어야 포용할 수 있다

포용의 범위를 넓혀 사고와 이해의 스펙트럼을 확장하는 것은 기회주의나 비굴한 타협과는 다르다. 진정한 가치를 지키기 위한 내려놓음이며 본질과 핵심을 지키기 위해 다른 것들을 포기하는 것이기에 본질과 핵심을 견고하게 붙들 때만 이루어질 수 있다.

수많은 교단과 신학이 있다. 복음주의, 자유주의, 은사주의가 완전 다른 신앙의 행태처럼 보이지만 포용하고 서로 교제하며 그 내면을 확인하면 결국 다 하나님을 향한 열정이고 영혼을 사랑하는 열심의 결과물이라는 것을 알게 된다. 그 다양한 신앙적 견해와 모습을 이해하고 받아들일 때 오히려 하나님만 남고 복음만 남는다. 연합하고 헤아리다 보면 본질만 남는다. 본질에는 목숨 걸고 형식과 비본질에는 자유하라! 그래서 복음을 전하고 영혼을 살려라!

예수님의 사역 스펙트럼은 엄청나게 넓었다. 예수님은 가난하고 병들고 소외된 사람부터 니고데모 같은 산헤드린 공회의 권력자나 아리마대 사람 요셉처럼 부유한 자까지, 세리와 창녀 같은 죄인부터 경건한 자까지, 유대인부터 사마리아인과 이방인까지, 또 어린아이부터 노인에 이르기까지 모두를 품고 사랑하셨다.

그러나 바리새인과 서기관, 대제사장 등 자기의에 빠져 다른 이들을 정죄하고 자기 권력과 유익을 위한 종교 행위나 틀에서 벗어난 사람들을 배척하는 자들은 개와 돼지에 비유하며 거룩한 것, 진주같이 귀한 은혜를 낭비하지 말라고 엄히 말씀하셨다(마 7:6).

하나님께서 원하시는 공생애 사역의 본질은 죄인을 불러 구원시키는 영혼 구원에 있다. 예수님은 이 본질과 핵심을 붙드셨고, 이것을 허무는 자들은 용납지 않으셨다. 모든 사람을 헤아리고 포용하라고 말씀을 시작하셨지만 이 말씀의 결론은 "거룩한 것을 개에게 주지 말며 너희 진주를 돼지 앞에 던지지 말라"라는, 비본질에 대한 냉정한 경계와 단호한 분리의 명령이었다.

사도 바울은 선교와 복음을 전하는 사명을 위해 자신의 기호와 취향과 가치관을 다 포기하고 버렸다. 그래서 누구를 만나든지 그들의 입장에서 용납하고 이해하며 스스로 아무 주장이 없는 종처럼 살기를 기뻐했다. 어떻게 그럴 수 있었을까? "아무쪼록 몇 사람이라도 구원하고자 함이니"(고전 9:22)라는 말에서 영혼 구원의 본질을 위해 자신의 뜻과 자아를 내려놓을 수 있었음을 알 수 있다.

포용은 본질을 붙들 수 있는 능력에서 비롯된다. 핵심을 붙잡고 그 외에는 자유할 수 있는 능력이 바로 포용의 정신이며, 이해의 스펙트럼을 확장할 수 있는 통로이다.

겸손할 때 포용할 수 있다

아무 일에든지 다툼이나 허영으로 하지 말고 오직 겸손한 마음으로 각각 자기보다 남을 낫게 여기고 빌 2:3

나보다 남을 더 낫게 여길 때 이해할 수 있고, 나보다 상대를 높이 여기고 존중할 때 포용의 범주가 확장된다. 이해는 'understanding' 이다. 상대보다 낮은(under) 자리에 서야(stand) 가능하다. 나를 남보다 높게 여기며 남을 평가하고 가르치려 들면 이해도 못 하고 소통도 불가능하다.

예수님은 하나님의 자리를 과감하게 포기하고 우리 인간에게 내려오셔서 가장 낮은 십자가에 죽으심으로 자기를 낮추시면서까지 우리를 포용하고 이해하고 품으셨다. 그 은혜가 시공간을 초월하고 뛰어넘어 오늘 나에게까지 미치게 된 것을 감사하자.

우리도 그 마음을 품어야 한다. 높은 자리, 비판과 정죄와 평가의 자리에서 내려와 예수님처럼 남을 나보다 낮게 여기고 말씀을 나보다 높여드려 그 아래 순복하고 받아들이자. 그럴 때 아름다운 변화와 성숙이 이루어질뿐더러 포용의 능력은 확장되고 이해의 스펙트럼은 넓어지며 사고의 유연성은 더 커질 것이다.

chapter 3

신실한 탕자 생활

나 홀로 영국에

교회의 분란으로 아버지는 모든 것을 내려놓고 부산으로 사역지
를 옮기시고 나는 학교 때문에 청주에 남으면서 하루 아침에 이산
가족이 되었다. 그간의 과정을 지켜보면서 분노하고 마음이 아팠
지만, 그간 아버지의 목회 때문에 교회의 관계에 매여 있다가 자유
로워진 것만큼은 나쁘지 않았다. 아니, 은근히 행복하고 기분 좋
았다.

아니나 다를까, 나는 신앙적으로 방황하고 더욱 피폐해져 갔
다. 인생의 방황기, 정말 부끄럽고 기억하기도 싫은 그때 내 곁에
는 항상 기도해주던 친구가 있었다. 대학에 입학해서부터 캠퍼스
커플이 되어 4년 넘게 사귀었던 여자친구였다.

홍경민이 TV 프로그램을 통해 나를 찾을 만큼 나와 연락이 끊
긴 것은 내가 그 여자친구에게 실연을 당한 후 잠적하듯 모두와

연락을 끊고 살았기 때문이었다.

장로님 딸이던 그녀는 내게 신앙적 조언을 해주는 거의 유일한 사람이었지만 그런 그녀도 나에게 실망이 쌓이고 지쳐서 결국 나를 떠나갔다. 나 같아도 그 시절의 나 같은 놈이라면 헤어지는 것이 마땅했다. 이 책을 통해서라도 미안함을 전하고 용서를 구하고 싶다.

제대하고 복학하자마자 모든 것을 정리하고 영국 런던으로 유학을 떠나기로 했다. 이제 정신 차리고 보란 듯이 성공하여 잘살고 싶었다. 그런데 시작부터 순탄치 않았다.

유학 가기 전날까지 후배들이 인사하러 와서 밤새도록 놀고 마시다가 아침에 잠이 덜 깬 상태에서 부랴부랴 공항으로 갔다. 짐을 한 배낭 짊어지고 공항에는 무사히 잘 도착했다. 그런데 문제가 생겼다. 아무리 찾아도 여권이 없었다.

친구들은 다 비행기를 타고 갔는데 나만 돌아와야 했다. 기가 막히고 코가 막혔다. 참으로 인생의 막장이 아닐 수 없었다. 입학을 딱 맞춰 준비했는데 날짜가 늦춰지면서 할 수 없이 석 달여가 지난 뒤에야 홀로 영국으로 떠날 수 있었다.

돈이 넉넉해서 유학을 간 것은 아니었다. 워낙 고등학교 3학년 2학기부터 부모님께 한 푼도 지원받지 않고 혼자 살아온 사람이라 돈이 없었다. 부산으로 내려가신 아버지는 그때도 개척을 하고 성전건축까지 하셨을 때였다. 그래서 한 2년 정도는 오히려 내가 장학금 받고 장사하고 아르바이트하면서 내 살아가는 용돈 정도가 아니라 집안의 생활비를 보태드리기도 했다.

그런 처지였으니 돈이 없는데 그래도 꼭 유학은 가고 싶었다. 그래서 아르바이트를 했고, 출국 전날까지 일해서 내 주머니에 딱 180만 원 가지고 영국으로 갔다. 영국 비자는 한국에서 미리 받는 게 아니라 공항의 출입국 관리소에서 받아야 했다. 그 자리에서 가지고 간 돈을 보여주며 이것은 내가 한 달 정도 지낼 용돈이고, 내가 곧 통장 계좌를 개설하면 한국에서 부모님이 계속해서 송금해 줄 것이라고 설명하여 간신히 비자를 받을 수 있었다.

영국에서는 한 달 치 월세에 같은 액수의 보증금을 선불로 주어야 방을 구할 수 있다. 워낙 물가가 비싼 데다 방값이 생활비의 절반을 차지할 정도로 재정 부담이 크다. 집에서 한 달에 200-300만 원씩 송금받는 학생들도 아르바이트를 해야 할 정도로 사는 게 녹록지 않았다.

180만 원을 가지고 갔지만 그 자체도 많은 액수는 아니었고 IMF 사태가 터졌을 때라 그 돈의 가치는 지금보다 훨씬 낮았다. 집세를 내고 한 달 치 버스 패스를 끊으면 거의 남는 돈이 없었다. 그러니까 돈이 거의 없는 상태로 간 셈이었다.

예배드리는 자의 용기

가자마자 안 되는 영어로나마 아르바이트를 구해야 하는 상황이었다. 첫 주는 하숙집에 들어가서 정리하다가 정신없이 지나갔다. 둘째 주에는 어떻게든 될 줄 알았는데 맥도날드고 어디고 다 돌아다녀도 구할 수가 없었다. 아르바이트를 구하는 업소에 들어가면 카운터에 기둥 같은 것이 세워져 있고 거기에 못이 박혀 있었다. 연락처와 이름을 적어서 못에 꽂아 놓으면 매니저가 보고 연락을 주어서 일을 시작하는 방식인데 꽂혀 있는 이름이 이미 40-50장은 되어 보였다.

완전히 절망이었다. 이대로 이번 주일만 끝나면 그다음 주에는 먹고살 돈도 없고 이제 한 달 치 끊은 버스 패스는 딱 2주 치만 남는다. 정말 돈이 하나도 없어서 이번 주는 무조건 일을 구해야 하고, 영국은 주급으로 주니까 토요일에 돈을 받아야 그나마 그다음 주에 살 수 있는 아주 절박한 상황이었다.

영국에서는 여럿이서 함께 방을 구해서 쓰기도 한다. 러시아 사람과 같이 쓴 적도 있고, 기타 여러 나라 사람들과도 함께 지낸 적이 있다. 이때는 우리나라 교포가 운영하는 하숙집에 있었는데 그곳에서 지내는 학생들이 모두 한국인이었다. 모두 크리스천이어서 태반은 같은 교회에 다녔고, 다들 가난한 아이들이어서 일자리를 구하러 다녀야 했다. 평일에는 학교를 다녀야 하고 가게 문도 일찍 닫으니까 주일날이 되자 다들 절박함에 킹스턴이며 윔블던이며 시내로 아르바이트를 구하러 나갔다. 오늘 당장 구하지 않으면 다음 주에는 아무 대책이 없는 나도 너무너무 고민이 되었다.

'오늘 일을 못 구하면 이제 밥을 굶어야 되는데…. 버스 패스도 못 끊으면 학교도 못 가는데….'

고민하고 갈등하다가 그래도 예배를 드리러 가야겠다 마음먹고 혼자서 예배당을 가는데 마음이 무겁고 두려워 얼마나 눈물이 나던지…. 너무 외롭기까지 했다.

그렇게 가서 예배를 드리는데 평안함과 은혜로 "두려워하지 말라 내가 너와 함께함이니라 놀라지 말라 나는 네 하나님이 됨이라 내가 너를 굳세게 하리라 참으로 너를 도와주리라 참으로 나의 의로운 오른손으로 너를 붙들리라" 하고 하나님의 음성이 들리면 얼마나 좋을까. 예배의 자리에는 앉아 있었지만 여전히 막막하고, 설교 말씀은 들리지도 않고 '어떻게 하지, 어떻게 하지' 하며 계속 한숨만 쉬고 있었던 기억이 난다.

'나도 따라갈 걸 그랬나' 하는 마음으로 터덜터덜 돌아와 혼자 방에 들어가는데 갑자기 하숙집 아주머니가 나를 막 찾으셨다.

"미스터 안, 미안한데 내가 정말 급한 부탁 좀 할게."

아주머니가 우리 하숙집 바로 앞에 있는 사무실에서 새벽에 청소하는 아르바이트 자리를 구했는데 갑자기 사정이 생겨 일을 못하게 됐다는 것이다. 한국인 관리자가 어렵사리 하나 만들어준 자리라서 어떻게든 그 자리를 채워 넣어야 하는데 오늘따라 하숙생들이 한 명도 안 보인다며 나보고 그 일을 꼭 좀 해달라고 막 사정을 하는 것이었다. 지금 나는 내가 부탁을 해도 될까 말까 한데!

"물론이지요!"

예배드리고 와서 가만히 앉아만 있는데도 저절로 일자리가 내게 생겼다. 하나님께 예배를 드렸더니 하나님께서 나의 문제를 해결해주신 것이다.

그리스도인의 예배 본능

이안 머레이라는 곤충학자가 흰개미를 연구했다. 그는 흰개미굴 주변에 동그랗게 구덩이를 파고 물을 부은 다음 한 군데에만 대롱 막대를 걸쳐 놓았다. 외부와 통할 수 있는 유일한 다리인 셈이다. 그리고는 밖에 나가 먹이를 구해 오는 개미들과 안에서 밖으로 나가려는 개미들의 모습을 유심히 관찰했다.

안에 있던 개미들은 밖으로 나가려다 도랑이 파진 것을 보고 일대 혼란이 일어났다. 개미들의 눈에는 그랜드캐년 같은 협곡처럼 아찔해 보였을 것이다. 여기저기 돌다가 대롱을 발견하였으나 넘어가려고 하다가 단 한 개미도 그 대롱을 넘어가지 못했다. 반면 외부에서 먹이를 구하고 돌아오는 개미들은 한 마리도 빠짐없이 모두 이 대롱을 넘어 집으로 돌아왔다.

동일한 위험 요소 앞에서 두 그룹의 선택은 달랐다. 꼭 나가야 할 이유가 없는 내부의 개미들은 그 위험 인자 때문에 모두 포기했다. 반면, 귀소(歸巢) 본능으로 인하여 반드시 집에 돌아가야 하는 외부의 개미들은 모두 위험을 무릅쓰고라도 그 죽음의 계곡을 건넜다.

이 귀소 본능을 나는 그리스도인의 예배 본능이라고 말하고 싶다. 우리의 예배도 마찬가지 아닐까? 예배의 가치가 먼저 정립되어야 한다. 예배를 좌우하는 것은 상황과 처지가 아니다. 그것들을 반드시 해야 할 가치로 여기느냐, 그러지 않느냐의 싸움이다. 예배의 가치가 우리 삶에 머물러 예배를 드려도 되고 안 드려도 되는 것으로 여긴다면 외나무다리가 아니라 그 어떤 잡다한 이유로도 그것을 건너지 못하고 예배드리러 가는 용기가 사라지게 된다.

예배를 드리러 갈 수 없는 상황과 처지와 형편은 늘 생기게 마련이다. 그때마다 상황과 처지와 형편을 자꾸 이야기할 것이 아니라 우리 안에 예배의 가치가 정립되고 예배드리러 갈 수 있는 영적인 귀소 본능이 작동해야 한다. 삶에서 예배의 가치를 정립하면 그다음부터는 길이 보이고 길이 열린다.

예배를 드리면 그리스도인의 삶은 하나님이 책임져주신다. 쉽고 간단한 원리지만 얼마나 많은 그리스도인이 이것을 실천하지 못하고 주일날 엉뚱한 일을 하면서 시간을 보내는지 모르겠다.

'예배를 드렸더니 하나님이 책임져주셨다!'

나는 그때의 경험을 잊지 못한다. 그리고 이 교훈은 지금도 나의 목회에 큰 영향을 미치고 있다. 나는 우리가 주님께 드리는 예배에 목숨 걸고 미치면 주님께서 우리의 모든 것을 책임지신다는 확신이 있다. 예배드리러 가기 위해서는 용기가 필요하고 그 용기로 예배를 택한 하나님의 가정과 자녀들은 반드시 하나님께서 공급하시는 은혜와 축복을 맛보게 된다

하지만 아무리 좋은 조건과 형편에 있어도 예배가 제대로 드려지지 않는 곳에서는 하나님께서 결코 일하지 않으신다는 사실 또한 두려운 마음으로 항상 기억하고 있다.

하나님의 개입이 시작되다

그다음 날 새벽부터 사무실 청소하러 나가서 일하는데 얼마나 감사하고 행복한지. 영국에 처음 도착했을 때는 모든 것이 낯설고, 집에서 재정적 지원도 받을 수 없는 어려운 처지로 유학 생활을 시작해야 했지만 그렇게 길이 열려서 잘 정착할 수 있었다.

천성이 어울리는 것을 좋아하다 보니 점점 적응하게 되었고 그곳 생활이 재미있어졌다. 한 번은 김치가 먹고 싶어서 "하나님, 나 김치가 너무 먹고 싶어요" 했더니 한국 식당에 주방 보조로 취직을 시켜주셔서 김치도 실컷 먹고 경제적으로도 여유가 생겨서 힘들고 어려운 학생들을 많이 도와줄 수 있었다. 그곳에서도 유쾌한 성격 탓에 한국 유학생들 사이에서도 유명세를 탔다.

나는 영국에서 학위 따고 어느 정도 경험을 쌓고 돌아와서 한국에서 대기업에 취직하는 것이 꿈이었는데 워낙 물가도 비싼 데다

갑자기 터진 IMF 사태로 환율도 바닥을 쳐서 더 힘들어졌다. 게다가 나는 거기서 혼자 버티면서 아르바이트도 많이 해야 했고 학업에도 소홀할 수 없어 몇 배는 더 힘들었다.

그러던 어느 날 한쪽 다리가 이상하게 저려 왔다. 처음에는 단순히 근육통인 줄 알고 '일을 많이 하고 쉬지 못해 그런가 보다' 하고 참았지만 상태가 점점 나빠지기 시작했다. 얼마 지나지 않아 2층 버스에서 벨을 눌러 놓고도 다리가 아파서 내려야 할 정류장을 지나칠 정도로 다리를 쓸 수가 없었다. 며칠 지나면 좋아지겠지 했지만 시간이 지날수록 통증은 다리에서 배로 옮겨졌다.

영국의 의료 체계에서는 유학생에게 무료로 치료해주는 경우도 많지만 피가 나고 뼈가 튀어나오는 등의 심각한 외상이 없으면 하염없이 줄을 서서 기다려야 한다. 예약 시스템도 없어서 며칠이고 그저 기다릴 수밖에 없었고, 이러다간 줄 서다가 돌아가실 지경이었다.

가족도 없는 곳에서 치료받기도 힘들고 해서 급기야 유학을 포기하고 귀국을 서둘렀다. 부랴부랴 귀국해서 부모님이 계신 청주로 돌아왔다. 그때는 몰랐지만 실은 나를 향하여 하나님의 부르심이 시작된 것이었다.

chapter **4**

요나 같은 나를 부르시다

첫 번째 수술

유학생들은 모두 공감할 텐데 영국에서 1년 넘게 지내면서 먹고
싶은 우리나라 음식이 얼마나 많았는지 모른다. 생각날 때마다
공책에 적었는데 500개도 넘는 것 같다. 매콤새콤달콤한 쫄면, 냉
면, 우동, 닭갈비, 감자탕, 막국수, 족발, 짜장면, 순대, 곱창, 칼
국수, 불고기, 탕수육, 잡채, 고기만두, 찐빵, 김밥, 치킨….

'집에 돌아가면 얼큰한 순두부찌개 먹어야지' 하고 생각만 해도
군침이 돌았다. 하지만 막상 우리나라로 돌아왔는데도 음식이 통
입에 들어가지 않고 입맛을 완전히 잃었다. 목으로 넘길 수 있는
것은 오직 요구르트뿐이었다. 그야말로 모든 음식을 내 몸이 거부
하는 것이었다.

병원을 찾아가 배가 너무 아프다고 호소하며 지금까지의 상황
을 설명했다. 병원에서는 온갖 검사를 했지만 확실한 이유를 찾아

내지 못했다. 오진이 반복되면서 시간만 흘러갔다. 염증 수치가 너무 높아서 염증 수치를 떨어뜨리는 항생제만 투입하며 여러 가지 치료를 했지만 몸은 나아지는 기미가 보이지 않고 점점 쇠약해져만 갔다.

팔에는 주삿바늘이 꽂혀 링거가 연결되고, 코를 통해서는 식도를 거쳐 위까지 호스가 꽂히고, 게다가 소변줄까지…. 마치 나 스스로는 아무것도 할 수 없는 마리오네트 인형 같은 모습으로, 내 몸 여기저기 꽂힌 줄들에 의지한 채 병실의 시간은 지루하게 하루하루 지나가고 있었다.

지금 생각해보면 다 하나님의 섭리였겠지만 그 병원에서는 원인도 몰라 제대로 된 치료를 해주지 못하면서도 퇴원시키거나 큰 병원으로 보내주지도 않고 말로만 "이제 다 됐다, 다 됐다" 하며 시간만 지체하고 있었다. 병이 아니라 내 목숨이 다 될 판이었다.

어느 날 어머니가 결단을 내려 다른 병원으로 나를 옮기셨다. 그 병원에서 나를 본 의사 선생님의 첫마디는 "아니, 몸이 이렇게 되도록 뭐 하셨어요? 수술을 해도 벌써 했어야지요"였다. 대답하고 싶었으나 말도 잘 나오지 않았다. 이미 송장이나 다름없었다.

"일단 바로 수술을 하는 게 좋을 것 같습니다!"

그렇게 비몽사몽 의식이 꺼졌다. 사태가 너무 심각하다고 생각한 의사는 검사고 뭐고 일단 개복(開腹)부터 하는 게 급선무라고 생각한 모양이다. 의식이 돌아왔을 때 보니 내 옆구리에는 구멍이 하나 뚫려 있고 그 구멍에 큼지막한 튜브와 거즈가 박혀 있었다. 배 속의 고름을 빼기 위해 임시로 박아 놓은 튜브라고 했다.

수술이 끝났지만 어떻게 됐는지 상황은 잘 알 수 없었다. 온몸에 힘이 전혀 없고 숨쉬기조차 힘겨웠다. 나중에 들은 이야기인데 집도의 선생님이 이렇게 말했다고 한다.

"상태가 너무 나쁩니다. 배 안에 고름이 가득 차서 장이 흐물흐물 녹아 있는 데다 장 내벽에 구멍까지 군데군데 뚫려 있어 손을 쓸 수가 없었습니다. 그냥 다시 닫았습니다."

의사 선생님은 물 한 모금도 마시지 못하게 했다. 장이 너무 약한 상태여서 물 한 모금만 잘못 마셔도 장이 터질 정도였다. 물 한 방울도 밥 한 톨도 입에 넣지 못한 채 말기 암환자처럼 링거를 통해 공급되는 에너지와 수분으로 숨만 붙어 연명하는 처지가 되었다.

내 모습은 거울을 볼 수조차 없을 정도로 끔찍했다. 뼈만 남고 근육은 모두 사라졌다. 179센티의 키에 몸무게는 40킬로그램이 채 안 됐다. 뼈 무게만 남고 겨우 숨만 붙어 있었다. 고개조차 돌리기도 힘겨웠다. 거울을 보면 내가 도리어 놀랐다. 해골이었다.

아침마다 의사가 와서 상처를 소독하고, 옆구리에 끼워 둔 거즈를 교환했다. 고름이 잔뜩 밴 거즈에서는 역한 냄새가 진동했고, 자다가 몸을 뒤척여 꽂혀 있는 튜브가 옆구리 상처를 건드리면 머리카락이 다 솟을 만큼 소름 끼치게 아팠다.

살려만 주신다면 주의 종이 되겠습니다

어느 날 가족들이 다 모여 내 병상 옆에 서 있었다. 의사 선생님이 가족들을 불러 이제 내 상태가 위급하니 마지막으로 인사를 나누고 마음의 준비를 하는 것이 좋겠다고 하신 것이다.

누운 채로 가족들의 눈을 마주 대하는 순간 가슴이 철렁했다. 나를 내려다보는 가족들의 눈빛에는 내가 살면서 한 번도 본 적이 없는 극도의 절망과 슬픔, 두려움이 가득했다. 누구도 입으로 상황을 말하거나 설명해주지 않았지만 나는 절망을 감지하고 받아들이고 있었다.

'아… 나 죽는구나…'

그때였다. 아버지께서 급하게 병실 문을 열고 들어오시더니 내 끔찍한 몰골을 가리려고 턱 밑까지 덮어놓은 시트를 확 걷어버리고 내 환자복을 벗기셨다. 그리고는 어디서 가져오셨는지 카메라로 죽어가는 아들의 미라 같은 처절한 모습을 담기 시작하셨다.

나는 그날 아버지의 눈물을 처음으로 봤다. 나에게 안 들키려고 카메라로 눈을 가리셨지만 셔츠로 뚝뚝 떨어지던 아버지의 눈물이 너무 가슴 아팠다. 필름 한 통 다 쓰도록 연신 셔터를 누르던 아버지가 그 카메라를 나에게 내밀며 말씀하셨다.

"호성아, 너 안 죽어. 아들, 너 절대로 안 죽는다! 얼른 일어나서 너의 삶으로 하나님 살아계신 거 간증하며 살아다오."

그 말씀을 듣는 순간 너무 감사했다. 아버지가 아들에게 하는 말이 아니라, 죽음 앞에서 절망하고 있는 나에게 하나님께서 주시는 소망의 약속으로 들렸다. 승리와 역전의 선포로 들렸다.

나는 그날 아버지의 입술로 선포된, 하나님의 승리와 역전의 명령과 선포에 "아멘"을 외쳤다. 비록 너무 허약해져서 입술은 다 떨어지지도 않고 반은 붙고 반은 열린 채 신음처럼 외친 아멘이지만 마음만큼은 두 손 높이 들고 병실이 떠나가도록 아멘을 부르짖었다.

그 아멘 소리에 하나님의 신유의 손길이 내 오장육부 온몸 구석구석을 만지고 치료하심이 느껴졌다. 의학적으로는 절망이었고 달라진 것도 하나 없는 상황이었지만 이상하게 절망 가운데 희망의 빛이 보이고 살 수 있겠다는 소망이 생겼다.

그날 밤 나는 하나님께 기도했다.

"하나님, 저 살려주세요. 아니, 살려주실 줄 믿습니다."

"저 살려만 주시면 주의 종이 되어 주의 일을 하겠습니다!"

그 서원과 기도를 하나님께서 받으셨다는 확신이 들었다. 그래서인지 다음 날 아침부터 몸과 마음이 너무 가볍고 개운했다. 나는 플라시보 효과(placebo effect 긍정의 위약효과)라고 생각했다. 그런데 놀랍게도 내 몸에 변화가 일어나기 시작했다.

아침마다 거즈를 떼고 드레싱(소독) 할 때마다 역하게 풍겨 왔던 고름 냄새가 옅어지는 것이 느껴졌다. 끈적했던 노란 고름이 점점 묽어지고 물처럼 맑아지면서, 매일 거즈를 흠뻑 적실 정도로 나오던 고름의 양도 점점 줄어들더니 급기야는 이유 없이 그 고름이 하루아침에 싹 말라버렸다.

그때 나를 담당했던 의사 선생님은 크리스천이 아니었다. 그런데도 내 몸의 변화를 보면서 "이게 도대체 어찌 된 거죠? 이건 하나님이 하셨네요" 하실 정도였다. 매일 내 곁에서 기도하시던 어머니를 보았기에 내 몸의 기적 같은 변화와 회복 앞에서 하나님의 살아계심과 권능을 인정할 수밖에 없었던 것이다.

고통스러웠던 회복기

옆구리 구멍에 새살이 돋기 시작하면서 튜브가 살에 달라붙기 시작했다. 의사가 와서 붙지 말라고 좌우로 무자비하게 흔들어 댔다.

"워메, 사람 죽네!"

사람 죽는다는 소리도 살 만할 때 난다는 걸 그때 처음 알았다. 죽겠네 죽겠네 하는 사람은 아직 살 만한 거다. 진짜 죽을 사람은 죽겠다는 신음조차 못 낸다.

그런데 아뿔싸, 넘어야 할 산이 하나 더 남아 있는지는 몰랐다. 치료의 마지막 단계는 옆구리에 박힌 튜브를 빼는 것이었다. 아침에 의사가 와서는 오늘부터 튜브를 뺀다고 말했다.

'오늘부터?'

하루에 빼는 게 아니란다. 1미터 50센티미터 정도 되는 튜브를 옆구리에서 뺀다고 하기에 나는 그냥 간단하게 빼면 되는 줄 알고 그러시라고 했다. 하룻강아지 범 무서운 줄 모른다는 것이 바로 내 얘기인 줄은 첫날 튜브를 뽑고 나서야 알았다.

의사가 "자, 이제 뺍니다" 하고 순식간에 튜브를 잡아당기는데, 말이 떨어지기가 무섭게 갑자기 옆구리가 통째로 잘려 나가는 느낌이 들었다. 아니, 창자가 몽땅 빠져나가는 느낌이었다.

"아아아악!"

그 통증은 어디에 비할 수 없었다. 신음조차도 나오지 않았다. 출산의 고통이 여기에 비할 수 있을까? 애를 안 낳아봐서 잘 모르겠지만, 차라리 애를 낳는 게 낫지 않을까 싶었다. 통증은 쇼크를 동반했다. 정신을 잃었다.

처음에 50센티미터 정도를 뽑았다는데 살이 회복되는 속도가 빨라지자 튜브와 엉겨 붙어 쉽게 빠지지 않았다. 하루에 2,3센티미터씩 뽑아냈는데 그렇게 한 달 넘게 하니 차라리 죽는 게 더 나을 것 같았다. 아침마다 의사가 튜브를 뽑으러 올 때마다 쇼크 상태에 빠졌다. 나는 맹장이 터졌을 때도 견디며 내 발로 병원에 갔을 만큼 아픈 것을 잘 참는 편이지만 이번 고통은 견딜 수가 없었다.

그때 기억이 뚜렷하게 잘 나지 않고 시간순서도 뒤죽박죽이다. 의사가 그러는데, 너무 심한 고통을 당했을 때는 뇌가 기억을 스스로 지우려고 한단다. 내게 그런 단기 기억상실이 생겨서 그럴 수 있다고 했다. 지금도 그 생각만 하면 끔찍하다. 그래서 나는 병원에 심방 가면 누구보다도 환자의 고통을 잘 안다.

한참 지나서 원인 불명이었던 나의 병명이 나왔다. 거의 다 낫고 나서 병명이 나오니 참으로 허탈했다. 처음에 배를 열고 장 상태를 보았을 때 의사는 대장암 말기라고 생각했다고 한다. 하지만 조직 검사 결과 다행히 대장암은 아니었다. 맹장이 터져 복막염이 진행되어 고름이 가득했던 데다 '장결핵'까지 걸려 있었다고 한다. 결핵균이 장 전체를 갉아 먹어 생긴 병이었다.

"요즘엔 후진국에서나 볼 수 있는 병인데 말이죠, 허 참."

의사 선생님은 연세가 지긋하신 분이셨는데 자기가 젊을 때 장결핵 환자를 딱 한 번 보고 30년 만에 처음 봤을 정도로 흔한 병은 아니라고 했다.

"그럼 다 나은 건가요?"

"약을 꾸준히 복용해야 합니다. 잘만 먹으면 완치됩니다."

튜브를 다 뽑고 며칠 뒤 완전히 회복하고 나서 퇴원했다. 아직도 그날을 잊을 수가 없다. 비록 퇴원할 때도 쇠꼬챙이처럼 말라 50킬로그램도 안 되는 상태였고 또 누워만 있다가 몇 달 만에 걸으려 하니 발걸음이 잘 떼어지지 않아 절뚝거렸지만 너무 행복했다.

의사 선생님은 물론 나를 간호했던 간호사 선생님들도 박수를 치며 축하해주었고 내 곁을 지키며 매일 돌봐주셨던 우리 어머니는 그 더러운 병원 바닥에 주저앉아 하염없이 우셨다.

"우리 아들 살아줘서 고마워…. 우리 아들 살아줘서 정말 고마워."

그 끔찍한 병상을 몇 달 동안이나 곁에서 지켜주신 어머니. 아무것도 못 먹고 물조차 삼키지 못하는 아들 따라 생으로 굶으며 가끔씩 그것도 내가 보지 못하게 그 더러운 좌욕실에 숨어 끼니를 때우시던 어머니…. 지금도 눈물 나게 감사하고 죄송할 따름이다.

어머니 손으로 소변을 받아내야만 했던 그때는 정말 혀를 깨물고 죽고 싶은 심정이었다. 하지만 혀를 깨물 힘조차 남아 있지 않았던 비참함 그 자체가 당시 나의 삶이었다. 내가 죽을 때까지 이 세상 최고의 효도를 다 한다 해도 보상해드릴 수 없는 불효를 그때 나는 우리 부모님께, 특히 어머님께 했던 것이다.

아, 나 목사 될 뻔했다

나의 기나긴 첫 투병 생활은 이렇게 끝이 났다. 주님을 떠나 멀리 살아왔던 탕자 같은 내 삶에 대한 하나님의 경고였다.

그때는 정말 하늘만 봐도 행복하고 햇볕이 내 볼에 닿는 것이 소중했다. 햇빛이 고소하고 맛있다는 것을 아는가? 햇볕을 잘 못 쐬고 살면 햇빛이 고프고 그 햇살마저 감사하다. 몇 달 만에 발을 땅에 딛는 그 감격과 느낌을 아는가? 마치 구름 위를 걷는 것처럼 신기하고 또 약간 징그러울 정도로 그 느낌이 특별하다.

별다르고 특별한 일이 생겨야 감사한 것이 아니다. 그 당시에는 그냥 걷기만 해도 눈물이 흘렀다. 발이 땅을 딛고 있는 것만으로도 행복했다. 이제는 내가 어떻게 잘 먹고 잘살지는 중요하지 않았다. 어떻게 하면 주를 위해 살고 주를 위해 죽을까만 고민했다.

그렇게 들어가기 싫었던 신학교는 이제 아무것도 아니었다. 불 속이라도 들어가고 싶었다. 그렇게 되기 싫던 목사가 되는 것은 물론 순교라도 해드리고 싶었다.

이 감사의 마음과 기쁨, 은혜가 평생 가면 얼마나 좋을까? 다들 아시겠지만 은혜에도 '유통 기한'이 있다. 화장실 갈 때 마음 다르고 올 때 마음 다르다고, 몸이 회복되고 건강을 되찾아 갈수록 은혜의 유통 기한은 반비례로 점점 줄어들고 있었다.

사람이 얼마나 간사한지 건강을 완전히 회복하자 이제 '제정신', 내 자아와 정말 인간적인 생각이 돌아왔다. 정신 차려보니 내가 신학교 입학을 준비하고 있었다.

'아, 큰일 날 뻔했다. 나 목사 될 뻔했다!'

이러다간 평생 우리 부모님처럼 살 수 있겠다는 생각에 아찔했다. 안 되겠다 싶어 나는 또다시 도망치기로 결심했다. 하나님께는 너무 죄송하고 부끄럽지만 목사 되는 것이 그때는 그렇게 싫고 두려웠다.

요나가 니느웨로 가라는 하나님의 명령을 뒤로 한 채 다시스로 도망친 것처럼, 살려만 주신다면 주의 종이 되겠다는 고백은 뒤로 한 채 나는 일본으로 또 유학을 떠났다.

나는 요나서를 읽을 때마다 참 요나 씨가 남 같지 않고 정이 간다. 지금까지 목회하면서 그 분을 나쁘게 설교한 적이 별로 없고,

천국 가도 그 분부터 만나보고 싶다. 난 참 요나처럼 살았다.

은혜 충만한 일본 유학 시절

우리 하나님은 정말 좋으신 분이시다. 내가 하나님이었다면 이런 나에게 실망해서 나같이 나쁜 놈은 버렸을 것 같다. 그런데 그때 일본 땅에서 하나님은 나를 버리지 않고 오히려 나를 확 끌어안아 만나주셨다.

나는 내가 예수님을 믿는 줄 알았다. 교회는 맨날 다녔으니까. 그런데 내가 정말로 나의 예수님을 만난 그때는 어떻게 말로 표현할 수가 없다. 지금도 그때 생각만 하면 울컥해지는데, 세상이 달라지고 내 얼굴에도 마음에도 기쁨이 충만했다.

일본 유학 중에 다니던 오사카 한인교회에서의 신앙생활은 나의 삶에서 가장 아름답고도 행복한 순간이었다. 이어폰을 꽂고 24시간 찬양을 들었다.

"사랑합니다 나의 예수님
사랑합니다 아주 많이요
사랑합니다 나의 예수님
사랑합니다 그것뿐이에요"

들어도 들어도 찬양이 아름다웠다. 은혜에 흠뻑 빠졌다는 표현이 맞을 것이다. 생전 처음으로 깊은 영적 은혜를 받았다.

내 안에 나의 하나님, 나의 예수님, 나의 성령님이 자리를 잡으시니까 예수 믿는 생활이 너무 기쁘고 꿈만 같았다. 예배 시간이 기다려지고 간절히 사모하게 되었다. 교회를 향하는 발걸음이 가볍고 즐거웠다. 예배 시간은 축제와도 같았다.

그동안 나는 목사의 아들이라는 굴레 속에서 누군가를 의식하며 신앙생활을 해왔다. 하지만 이제는 아버지 때문에 다니는 교회가 아니었고, 사람들의 시선과 관심에 떠밀려 할 수 없이 서는 사역의 자리가 아니었다. 예배가 옛날의 예배가 아니었다. 정말 아버지 품에 안긴 감격 속에 그 누구도 의식하지 않고 오직 하나님만을 바라보며 예배를 드렸다.

공부와 아르바이트를 병행하는 고된 유학 생활인데도 새벽기도에 대한 기대감과 간절함 때문에 밤이 되어도 잠이 잘 오지 않았다. 새벽 3시쯤 되면 잠이 깼다. 새벽기도 갈 생각에 들떠 있던 나는 더 이상 기다릴 수 없어서 그때쯤 일어나 샤워를 하고 아직 교회 문이 열리기 전이라는 것을 알면서도 자전거 페달을 힘차게 밟았다. 그렇게 해서 교회에 도착하면 새벽 4시가 채 안 되었을 때가 많았다.

닫혀 있는 교회 앞에서 문이 열리기만을 기다렸다. 한참을 기다리다 보면 사찰집사님이 깜짝 놀라며 문을 열어주셨다. 교회 안에 들어가면 천국에 와 있는 느낌이었다. 마치 우리 아버지 품에 나 혼자만 안겨있는 따뜻함과 푸근함이었다.

내가 일본에 갔을 때 마침 누나가 일본에서 석사 과정 중이어서 많은 도움을 받았다. 매형의 할머님이 일본에 맨션을 가지고 계셔서 일본의 살인적인 주거비 걱정 없이 유학 생활을 할 수 있었고, 월세 나가는 것이 없으니 그 돈은 어려운 유학생들 돕고 전도하고 선교하는 데 다 썼다.

교회에서도 요셉회라는 청년회의 회장을 맡아서 섬겼다. 요셉회도 날로 부흥하고 강성해져 갔다. 난생 처음으로 찬양단도 자원하여 예배 시간에 앞에 나가 찬양을 인도했다. 자유롭고 즐거운 나날을 보냈다. 예수를 믿는다는 것이 이렇게 행복한 줄을 그때 처음 알았다.

다시스로 가는 배

도망치듯 떠난 일본행이라서 히라가나도 모르고 시작했지만, 유학 생활도 내게는 즐거움 자체였다. 아르바이트도 쉽게 구했다. 일본에 파견 나와 있는 대기업 간부 자녀들에게 과외를 하기도 했고, 학교 다니면서 외국에서 일본으로 온 기업체 간부를 우리나라 기업과 연결해주기도 했다. 사람을 좋아하다 보니 쉽게 사람들과 친해질 수 있었고 많은 사람들과 사귀면서 나름 국제적인 인물이 되었다.

주의 종이 되겠다는 서원은 내 기억 속에서 점점 사라져가고 있었다. 아니 의도적으로 잊으려 노력하고 있었다. 열심히 신앙생활하고 전도하고 맡은 부서의 사역을 잘 감당하는 것으로 내 죄책감을 덮고 합리화하려 애썼다.

어느 날, 내가 아르바이트로 과외를 하던 학생의 아버님이 나에게 솔깃한 제안을 했다. 국내 굴지의 대기업 본부장인 그 분은 총괄 본부장 전권으로 현지 사원을 특별 채용할 수 있는 선발 쿼터가 있는데 그 자리에 나를 채용해주겠다는 것이었다. 꿈만 같은 제안에 어안이 벙벙했다.

너무나도 기쁘고 행복한 마음으로 집에 가고 있는데 신앙의 양심이 찔리기 시작했다. 주의 종이 되겠다는 서원이 자꾸 걸렸다. 마음의 찔림은 축복이다. 영이 죽고 하나님과의 관계가 멀어져 은혜를 누리지 못하고 살아가면 신앙의 양심과 찔림도 무뎌지고 죄가 죄로 느껴지지 않는다.

그때는 하나님과 밀접하게 살아가며 은혜 충만하게 살고 있던 터라 신앙의 양심이 나를 찌르고 죄의식을 느끼게 했지만… 너무나도 달콤한 그 세상의 제안을 거절할 용기가 나에게는 없었다.

우리는 축복과 형통을 바라며 살아간다. 하지만 눈앞에 찾아온 축복과 형통함이 진정 하나님께서 주시는 하늘의 신령한 복인지, 아니면 마귀의 유혹인지 구분할 수 있는 영적 분별력이 있어야 한다.

또한 하나님께서 주시는 진정한 축복 외에는 거들떠보지도 않을 용기와 담대함이 필요하다. 내 눈앞에 아무리 형통함처럼 보이는 길이 있을지라도 그것이 하나님의 뜻에 위배되고 하나님의 말씀과 충돌한다면 그 형통을 포기하고 버릴 용기가 있어야 한다.

요나는 하나님께서 니느웨로 가서 사역하라고 명령하셨는데도 자신의 자아와 감정이 이끄는 대로 다시스로 도망하기를 원했다. 그리고 욥바라는 항구로 갔더니 때마침 다시스로 가는 배가 딱 정박하고 요나를 기다리고 있는 것 아닌가?

그러나 요나가 여호와의 얼굴을 피하려고 일어나 다시스로 도망하려 하여 욥바로 내려갔더니 마침 다시스로 가는 배를 만난지라 … 욘 1:3

우리 인생과 신앙도 다르지 않다. 하나님의 말씀은 마치 생선 가시처럼 항상 뭔가 걸리고, 순종하기에는 상황과 처지에 안 맞을 때가 많다. 그런데 사탄의 유혹과 죄악의 길은 마치 보험처럼 딱 내 형편에 맞게, 거절할 수 없는 매력적인 모습으로 나를 찾아와 손짓하니 우리는 그것을 형통으로 착각하기 쉽다.

다 적당하고 모든 것이 나에게 딱 맞아떨어져도 말씀에 위배된다면 그것은 버려야 할 유혹이다. 그러나 단호히 이기고 거절해야 하지만, 우리가 요나처럼 자기 욕망과 기호에 딱 맞는 '다시스로 가는 배'를 거절하지 못하고 승선할 때가 얼마나 많은가?

"내가 '주의 종' 된다, 주의 일 하겠다고 했지 꼭 '목사' 되겠다고 한 건 아니잖아? 꼭 목사만 주의 종이고 장로, 권사, 집사는 남의 종이냐?"

안 그래도 주의 종이 되겠다던 약속과 서원을 저버리고 '세상에서 성공하고 지금처럼 신앙생활 열심히 하며 맡겨진 교회 사역에 최선을 다하면 하나님도 기뻐하실 것'이라고 믿으며 나의 불순종을 합리화하고 변명하고 있을 때, '대기업 스카웃 기회'라는 이름으로 찾아온 다시스 가는 배는 거절할 수 없는 유혹이었다.

소를 돕는 하나님의 시간표

'그래, 내가 일본 와서 열심히 신앙생활하고 사역하고 전도도 많이 하니까 하나님께서 나에게 이런 축복과 형통을 선물로 주신 거야.'

스스로 이렇게 결론 내리고 집으로 돌아와 잠자리에 누웠는데 바로 그날 밤, 거짓말처럼 배에 통증이 찾아오기 시작했다. 엄청난 아픔과 고통은 아니었지만 나에게 너무 익숙한, 낯설지 않은 통증에 가슴이 철렁했다. 2년 전 영국 런던에서 느꼈던 그 통증. 배에 고름이 차 들어갈 때의 그 느낌이었다.

'왜 하필 오늘….'

그러잖아도 하나님께 드린 약속 어기고 세상의 달콤한 제의를 받아들이고 와서 마음이 찔리는데 그날 밤부터 배가 아프자 너무 두려운 마음이 들었다. 뜬눈으로 밤을 새우고, 날이 밝자마자 당시 내가 다니던 교회의 장로님이 운영하시던 의원을 찾아갔다.

검사를 했더니 염증 수치가 정상치의 70배를 넘고 하루 만에 100배 이상으로 치솟는 것이 아닌가? 장로님이 나를 인근의 큰 종합병원으로 이송시켜서 거기서도 여러 검사를 받았지만 확실한 병명은 찾지 못했다. 원인은 확실하지 않지만 배 속에 고름이 차 들어가고 있는 것만큼은 분명한 것 같다, 장기들이 훼손되고 있는 것 같으니 얼른 수술하는 게 좋겠다고 했다.

수술 날짜가 정해지는 순간 소름이 돋았다. 3월 20일. 하필 2년 전 수술 받았던 그 날과 날짜가 같았다. 똑같은 날 똑같은 증상으로 일본에서 수술대에 오르게 된 것이다. 나는 이 수술실에서 하나님께서 내 생명을 거둬가실 것 같은 두려움을 느꼈다. 한 번 전과(?)가 있는 고로 크게 부르짖지도 못한 채 속으로 중얼거리듯 기도했다.

'하나님, 답답하시죠? 저도 답답합니다….'

'이러면 어떨까요? 그저 속는 셈 치시고 한 번만 더 살려주시면 이번에는 진짜로 목사 되겠습니다.'

이 민망하고 부끄럽기 짝이 없는 기도를 응답해주셔서 나는 제2의 인생을 덤으로 보너스로 살면서 이렇게 하나님께서 시퍼렇게 살아계심을 외치고 전하면서 살고 있다.

두 번째 수술

일본에서는 웬만하면 전신마취를 하지 않고 수술을 한다. 개복 수술인데도 국소마취로 수술을 진행한다고 했다. 덩그러니 얼굴 아래로 커튼을 치고 수술을 시작했다. 한마디로 산 채(?)로 수술을 시작한 것이다. 일본 말도 잘 통하지 않았지만, 자기들끼리 뭐라고 하더니 국소마취를 하고는 배를 찔러본다.

"안 상! 느낌이 오나요?"

"아야! 왜 찔러요?"

갸우뚱하더니 마취약을 더 주사했다.

"안 상, 아직도 느낌이 와요?"

"아, 아야!"

"이상한데요, 아무런 느낌이 없어야 하는데 말이죠."

허 참, 개복 수술을 국소마취로 시도하는 일본의 수술력에 혀를 내두르지 않을 수 없었다. 마취가 전혀 안 됐다. 세 번 정도 더 주사하더니 이대로는 안 되겠다고 말하는 것 같았다. 내 몸은 마취가 잘 받지 않는 체질인 것 같았다.

"느낌이 전혀 없는 건 아니지만 이 정도 주사했으니 아프지는 않을 테니 이대로 수술을 진행할게요."

'?'

계속 시간을 지체하면 수술을 하다가 마취가 풀릴 수도 있다고 말했다. 대참사를 막기 위해 수술을 서둘렀다. 메스를 들고 절개

선을 따라 칼을 긋는데 배에 느낌이 또렷하게 왔다.

"아야야! 으…."

그냥저냥 참을 만했다.

"안 상, 느낌이 완전히 없을 순 없어요. 하지만 아프지는 않을 거예요."

배가 세 겹인가? 세 번을 긋는 느낌이 왔다. 그때까지는 참고 견뎠다. 근데 좌우로 벌리는 느낌이 들더니 갑자기 배가 쏟아져 내리는 것 같았다.

"으아아, 으아아악!"

수술하던 의사들이 더 놀랐다. 통증은 심각했다. 뭐라고 허겁지겁 소리가 나더니 그 뒤로는 기억이 없다. 뒤늦게 전신마취를 하고 수술을 시작한 것이다. 어차피 전신마취할 것을 간은 왜 봤을까? 고생은 고생대로 하고 그렇게 수술을 받았다.

마취가 풀리고 의식이 돌아왔다. 옆구리부터 확인했다. 반갑지 않은 손님이 떡하니 자리잡고 있었다. 튜브였다. 튜브에 달라붙은 거즈를 보는 순간 소름이 오싹했다. 튜브를 뽑을 때의 악몽과 같은 통증이 기억 속에 다시 물밀듯 밀려왔다.

'제… 제발….'

이번에도 배에는 염증이 가득했고 원인은 알 수가 없었다. 항생제 때문에 차도가 있었는지 상태는 급격히 좋아졌다. 주의 종이 되겠노라고 하나님께 약속했기에 회복이 더 빨랐을 것이다. 그리고 드디어 튜브를 뽑는 날이 다가왔다.

"안 상, 내일 아침에 튜브를 뽑을게요."

그 말을 듣는 순간 쇼크가 왔다. 기억이 잘 안 난다. 당해보지 않은 사람은 모른다. 밤새도록 기도했다.

'주님, 제가 왜? 제가 왜 또!'

다음 날 아침이 되었다. 그런데 의사가 튜브를 안 뽑는 것이다. 이상했다. 왜 안 뽑지? 그다음 날도 안 뽑았다. 참 이상한 일이었다. 이렇게 사흘이 지나자 미치고 환장할 지경이었다. 견디다 못해 내가 물어봤다.

"왜 아직 튜브를 안 뽑습니까?"

"안 상, 사흘 전 아침에 와서 다 뽑았잖아요?"

"네? 벌써 뽑았다고요?"

그렇다. 하나님께서 나의 고통을 아시고 내가 알지도 못하는 순간에 튜브를 고통 없이 제거해주신 것이다. 공포의 튜브 뽑기는 그렇게 끝났다.

징벌이 아니라 은혜의 기억

하나님은 진정한 회개에 용서로 답하신다. 그렇다고 그 죄에 대해 나의 책임이 없어지는 것은 아니다. 다윗은 우리아의 아내 밧세바를 범하고 나단 선지자의 책망에 진정으로 회개하지만, 그 죄의 결과물인 아들이 죽는 고통은 피할 수 없었다. 또한 인구조사를 벌이고 죄를 뉘우쳐 용서는 받았지만, 벌을 선택해야 했고 전염병으로 수많은 백성이 죽음 당하는 것을 보아야 했다.

나는 하나님의 말씀을 듣지 않고 하나님과의 약속을 어겼다. 내 자아가 살아서 내 뜻대로 행한 죄 때문에 요나처럼 인생이 파선하고 육신의 고통이라는 풍랑을 다시 한번 만나게 된 것이었다.

우리도 인생에서 그런 아픔과 실패를 겪으며 풍랑과 파선의 위기를 만나곤 하는데 그때 우리의 반응이 중요하다. 그것이 하나님 나라와 의를 위해 살다가 받게 된 진정 의로운 환난과 핍박인지 아니면 내 뜻대로 살다가 만난 요나의 풍랑 같은 징벌인지 잘 분별해야 한다.

신앙생활을 하면서 빠질 수 있는 착각 중 하나가 내 잘못과 실수로 벌어진 죄의 책임과 하나님의 책망, 진노의 징벌을 핍박과 환난이라 착각하고 포장하는 것이다. 징벌을 핍박과 고난이라 착각하면 회복은 이루어지지 않는다. 진정한 회복은 회개에서 시작된다.

3월 20일. 임종 예배까지 드리고 다들 소망 없다고 했을 때 큰 수술을 받고 두 번이나 살아난 이 3월 20일을 나는 나의 영적 생일로 여긴다. 이날은 내 육신이 살아난 날이 아니라 내 영혼이 살아난 날이고, 주인께 붙들려서 다시 회복된 영혼의 생일이다.

특히 일본에서 두 번째 수술을 받던 날, 나는 죽음을 경험했다.

배가 갈라지고 창자가 쏟아지는 그 생생한 고통을 겪으며 이것이 하나님의 준엄하신 경고라 여겨졌다.

'그래, 나는 오늘 죽은 것이다. 그리고 오늘부터 다시 하나님의 은혜로 새 생명을 얻어 거듭난 것이다. 이제부터 내 삶은 보너스요 덤인 것이다.'

그 사실을 깨닫고 나는 이제 덤으로 사는 이 인생을 하나님을 위해 살아가리라 다짐했다.

그런데 이상하게도, 이때만 되면 수술한 곳이 한 번씩 아프다. 수술 후유증으로 얻은 장 유착으로 밤새도록 괴로워할 때도 종종 있다. 움직일 수도 없고, 얼마나 아픈지 울려고 한 것이 아닌데도 눈물이 줄줄 나고 밤새 데굴데굴 구르기도 한다.

그럴 때마다 나는 하나님을 원망하는 것이 아니라 내가 어떤 존재였는지를 기억한다. 이 쓰레기 같고 벌레 같은 나의 죄 됨을 기억한다. 죽어야 마땅한 죄인, 그렇게 하나님을 배신하고 도망쳐다니던 이 더러운 죄인이 하나님께 붙잡힌 바 되어 이렇게 거듭나서 이 자리에서 주님의 몸 된 교회를 섬기고 있는 것이 얼마나 감사하고 감격스러운지 모른다. 그리고 그때마다 되뇐다.

'그래, 나는 죽었었지….'

목회와 집회, 방송 사역 중에 힘들고 뭔가 못마땅하고 섭섭한 일이 있을 때 그렇게 한번 나의 나 됨이 모두 하나님의 은혜임을 깨닫는 순간, 모든 문제가 봄눈 녹듯 사라진다.

나는 사명으로
심장이 뛴다

PART

2

chapter 5

세 가지 비전

아직도 내 양을 칠 목자가 부족하다

이제 더는 목회의 길을 거부할 수 없었다. 두려워서라도 불순종은 할 수 없었다. 하지만 왜 싫다는 사람을 꾸역꾸역 두 번이나 '죽였다 살렸다' 하시며 주의 종이 되는 길로 이끌고 가시는지 이해되지 않고 섭섭한 마음이 드는 것은 어쩔 수 없었다.

나는 목회란 사명으로는 더할 나위 없이 행복하고 멋진 길이지만 직업으로는 정말 불행한 것이라 생각한다. 단 하루라도 먹고살기 위해 목회하고 싶지 않았고, 하루라도 목회를 직업으로 하기는 싫었다. 그 생각은 지금도 변함이 없다.

그렇다면 나를 이렇게 목회자로 부르신 하나님의 계획과 목적은 무엇인지 알아야 했다. 그날부터 나의 병실은 나만의 '얍복 나루터'가 되었다. 얍복 나루터에서 야곱은 하나님께 위기에서 보호하고 축복해달라고 구했지만 나는 목회의 목적과 사명을 구하며 씨름했다.

정말 간절했다. 어차피 목회자의 길을 걸을 거라면 후회 없이 가치 있고 보람된 인생을 살고 싶었다. 간절히 하나님의 뜻과 음성을 구하던 어느 날 새벽, 하나님의 음성이 들려왔다. 육신의 귀가 아니라 내 마음에 또렷하게 들리는 하나님의 음성이었다.

"아직도 내 양을 칠 목자가 부족하다."

한국에 교회가 5만 개가 넘고 목회자가 차고 넘치는데 아직도 내 양을 칠 목자가 부족하다니? 아무래도 하나님께서 한국 사정을 잘 모르시는 것 같았다. 관광 온 외국인들이 한국은 꼭 공동묘지 같다고 놀란단다. 어디를 가든지 밤에 호텔 창문을 열어보면 여기저기 빨간 십자가가 수십 개씩 보인다는 것이다. 그리고 요즘 많은 목회자가 임지가 없어 난리이고 수많은 교회가 문을 닫고 있는 형편인데 아직도 목자가 부족하다 하시다니….

내 마음에 들려온 하나님의 음성은 이어서 세 가지 비전과 목회의 꿈을 확실하게 선포해주셨다.

"첫째, 교단의 벽을 허물라!
둘째, 침체되고 무너져가는 한국 교회에 희망의 불씨가 돼라!
셋째, 상처 입은 교회와 성도들이 많으니 그들을 위로하고 치유하는 목자가 돼라!"

주님의 명령과 비전은 너무나도 확실했다. 나 스스로는 평소에 생각하거나 꿈꾸지 못했던 하나님의 비전에 나는 내 계획을 모두 포기하지 않을 수 없었다.

'내가 뭔데 그렇게 크고 대단한 일을 할 수 있단 말인가?'

이해할 수는 없고 어찌해야 할지, 어디로 가야 할지를 확실히 알지도 못했지만, 하나님께서 주신 사명인 것은 분명했다. 그 사명을 내 심장에 오롯이 새기고, 퇴원하자마자 모든 것을 정리하고 한국으로 들어와서 어떻게 하면 그 비전과 사명을 이루어 드릴 수 있을지 그것만을 붙들고 기도했다.

교단의 벽을 허물라

요한 웨슬레가 어느 깊은 밤에 꿈을 꾸었다. 그는 하늘로 들려 올려졌고 천국 문 앞에 이르렀다. 그가 물었다.

"여기에 감리교인이 있습니까?"

"한 사람도 없다."

그는 크게 실망하여 다시 물었다.

"그럼 장로교인은요?"

"단 한 사람도 없다."

"정말입니까? 성공회 교인도 없습니까?"

"여기에 그런 교인은 전혀 없다."

 그는 기독교에 속한 교인이 한 사람도 없다는 소리에 크게 낙담하였다.

"그렇다면 기독교를 믿는 각 교파에 속한 신자들은 구원을 받을 수 없단 말인가요?"

"이곳에는 교파가 없다. 오직 그리스도인들만이 들어올 뿐이다."

 우리나라는 교파의 벽이 너무나도 크다. 미국 같은 경우는 침례교가 많지만 감리교, 오순절, 순복음, 장로교, 성공회 등 많은 교파가 크게 대립하거나 갈등하지 않고 공존한다. 하지만 우리나라의 경우는 그렇지 않은 듯싶다. 소위 브랜드 파워가 이미 형성되어 교단 간판이 어디로 되어 있느냐에 받는 영향이 크다. 심지어 장로교나 감리교 간판으로 바꿔 달고 싶다는 개척교회 목사들도 많다. 교회에 왔다가도 "교단이 달라서요"라며 떠나는 교인들이 많기 때문이다.

 하나님께서 왜 하필 내게 교파의 벽을 뛰어넘으라는 미션을 주셨을까? 그 이유를 아직 정확하게는 모르겠지만 교리화되고 교단화되어 화석화된 우리나라 교회에 신선한 충격을 주라시는 뜻은 아닐까? 교단의 벽을 넘지 않고서는 우리나라가 복음화되지 않음을 말씀하시는 듯하다.

교파주의를 깨기 위해 우선 나는 감리교를 떠나야 했다. 감리교 목사셨던 아버지는 내게 물으셨다.

"그것이 하나님의 뜻이냐?"

"네, 아버지."

"그럼 가라!"

우리 아버지는 하나님 뜻이라면 100퍼센트 순종하셔서 큰 갈등이 없다. 기득권을 포기하는 것은 쉽지 않은 일이다. 하지만 그때 나는 그것이 뭔지도 사실 잘 몰랐다. 목회해본 적도 없고 목회자의 세계가 어떤 것인지 교단의 후광이 얼마나 든든하고 강력한 것인지 몰랐다. 알았다면 고민했겠지만 아무것도 몰랐기에 포기는 어렵지 않았다. 모든 것을 알고 계시던 아버지의 질문에 그저 나는 하나님의 뜻이라 대답할 수밖에 없었다.

감리교단에서 순복음교단으로

내가 선택한 교단은 순복음이었다. 《제자입니까》로 우리나라에서 널리 알려진 후안 카를로스 오르티즈(Juan Carlos Ortiz) 목사님의 책 중에서 이런 글을 읽게 되었다.

오르티즈 목사님이 예배를 드리던 중에 자신이 어릴 적 살던 동네에서 순복음교인들에게 돌을 던지며 조롱하고 비방하던 기억이 떠올라서 그 죄를 회개했다는 이야기였다. 단지 시끄럽고 믿는 모습이 경건해 보이지 않는다는 이유로 순복음교인들을 배척하다 못해 그들을 마귀의 자녀, 사탄의 자녀라 정죄하며 온 동네 사람들이 그들에게 돌을 던져 마을에서 내쫓았다는 것이다.

오르티즈 목사님의 고백 앞에서 나도 그 모습과 다르지 않음을 깨달으며 한없이 눈물이 흐르고 회개가 되었다. 나는 어려서부터 공부하고 책 읽는 것을 좋아해서 이성적, 논리적이며 합리적이고 객관적인 것을 추구하는 성향이었다. 당시에는 순복음의 원색적인 성령 운동이 잘 이해되지 않았고, 경험하지도 못했기에 꺼리는 마음이 있었다.

지금은 성령 운동의 전파자가 되어 전국을 누비고 있지만, 당시에는 나와 다른 신앙의 모습을 틀렸다고 비판하고 내가 모르는 영적 영역을 없다고 단정 짓던 오만함이 내게 있었던 것이다. 눈에 보이는 돌을 던지지는 않았지만 나도 나와 다른 신앙의 모습들에 얼마나 많은 비판과 정죄의 돌을 던졌던가?

편협하고 오만하게 자신의 신앙적 성향과 교리를 정답이라 확신하며 그것과 조금이라도 다른 것을 용납하지 않고 배척할 만큼 우상처럼 변해버린 한국 교회의 교단주의를 보시며 하나님께서 얼마나 슬퍼하고 진노하시는지 깨닫고 나는 주저앉아 울며 금식기도에 들어갔다.

통렬히 회개하고 내가 가장 꺼리던, 나와 가장 잘 안 맞고 이질적이라 생각하던 순복음교단으로 가기로 서원하며 하나님께 허락을 구했다.

"하나님, 저를 용서해주시고 순복음교단으로 보내주시면 일평생 회개하는 마음으로 살겠습니다. 저처럼 교단에 대한 편견과 오만한 우월감을 가진 자들의 마음의 벽을 허물어버리는 사역자로 저를 사용하여주옵소서."

일주일 동안 기도하고 하나님의 허락을 얻어 나는 순복음신학교로 진학했고, 단 하루도 순복음교회를 다녀보지 않고 순복음교회 목사가 된 특이한 이력의 주인공이 되었다.

나의 코드와 스타일을 내려놓고

순복음교단으로 옮겨 신학하고 목사 안수를 받으면 모든 교단주의 벽이 자동으로 허물어지는 줄 알았지만 내 착각이었다. 교단을 바꾸니 엄청난 영적 충격이 이어졌다.

우리 아버지가 감리교단 목회자여서 그때까지 나는 평생 감리교단에서만 신앙생활을 했다. 잠깐의 유학 시절을 빼놓으면, 내가 경험한 교회는 아버지가 목회하시는 교회뿐이었다. 아버지가 담임목사이신데 옆 교회를 다닐 수는 없지 않은가?

아버지는 굉장히 보수적인 목회자였다. 예배는 경건하게만 드리셨다. 경건이 너무 지나치다 못해 경직에 가까울 정도였다. 주기도문 끝나고 예배를 마쳐야 숨도 제대로 크게 쉴 수 있는 조용하고 정적인 예배가 나는 익숙했다.

게다가 아버지의 고향은 충남 서천이다. 충청도 내에서도 가장 말이 느린 지역 중 하나이다. 아버지는 충청도에서 나고 자랐으며 목회도 공주, 부여, 홍성, 청주 등 충청도에서 하셨다. 찬송가도 악보를 무시한 아버지만의 박자가 있다. 반주자는 그 박자에 맞춰 반주했다. 그 느리고 여유로운(?) 찬양에만 익숙해져 있던 나는 순복음식 찬양은 따라 부르기도 벅찼다. 가사를 안 보면 같은 곡인 줄도 모를 만큼 생경하여 처음에는 새로 나온 찬송으로 착각했을 정도이다.

순복음신학교 채플 시간의 예배가 나에게는 난생 처음 드린 순복음 스타일의 예배였다. 정말 충격이었다. 예배가 뜨거워서 채플실 문을 열면 뜨거운 열기가 뿜어져 나올 정도였다. 조금씩 나를 내려놓고 순복음 신앙을 익혀갔다.

지금은 교회가 성장하고 외부에 알려지다 보니 장로교, 감리교 교단에 속했던 교인들이 우리 교회에 오기도 한다. 그러고는 교단색 짙은 질문들을 쏟아낸다.

"목사님, 신앙의 컬러가 다른데 좀 바꿀 순 없나요?"

"조용하게 예배드릴 순 없나요?"

"설교는 맘에 드는데 예배 순서를 좀 바꿀 순 없을까요?"

내 대답은 단순하다. 딱히 이런 분들에게 별달리 드릴 말씀도 없다. 그저 교회는 예배를 드리는 곳, 살아계신 하나님을 만나는 곳이지 자신의 신앙 코드에 맞춰주는 곳이 아니라는 말씀만 드린다.

낯선 교단으로 옮겨가 마음을 열고 그 안에서 예배드림으로써

교단의 벽을 허무는 나의 사역이 시작된 셈이다. 그리고 교파를 초월해 말씀을 전할 수 있는 곳이면 어디든 달려간다. 하나님께서 내게 소원하신 첫 번째 비전을 이루기 위해서이다.

한국 교회에 희망의 불씨가 돼라

통계로 본 한국 교회

비공식 통계지만 1년에 열 교회가 개척을 하면 열두 교회가 문을 닫는다는 말이 있다. 개척 실패율이 100퍼센트를 넘어 120퍼센트에 달했다는 소리이다. 1년 전에 먼저 개척한 교회까지 두 교회가 더 합쳐서 문을 닫는다는 말이다. 한국 교회가 마이너스 성장을 거듭한 것은 이미 많은 교회가 체감하는 바이다.

2005년은 여러모로 기독교에 있어서 충격적인 한 해였다. 통계청 자료를 보면 1985년 한국 교회 100주년을 기념하며 기독교인의 수는 648만 명까지 급성장했다. 10년 뒤 1995년에는 875만 명으로 성장세는 가속화되었다. 그러나 다시 10년 뒤 2005년 인구총조사에서 기독교인은 861만 명으로 감소했다. 정확한 감소 숫자는 14만 4천 명이다. 많이 본 숫자 아닌가? 어느 선교사님은 한국 교회를 향한 하나님의 경고라고 말하기도 했다.

분명한 것은 성도의 수가 감소했다는 사실이다. 한국기독교 선교

역사상 성장이 감소했던 기록은 없었다. 마이너스 성장을 2005년에 처음으로 경험한 것이다. 우리 교회는 2004년에 개척했다. 마이너스 성장으로 들어가기 직전에 개척한 셈이다. 하나님의 섭리가 느껴지는 해이다.

2005년 기독교인의 인구 비율은 18퍼센트였다. 1200만 명을 자랑한다던 기독교 인구의 허수가 만천하에 공개된 해였다. 같은 해 한미준(한국 교회의 미래를 준비하는 모임)에서 한국갤럽에 의뢰해서 조사한 결과는 21.6퍼센트, 약 1050만 명이었다. 만 18세 이상 전국 기독교인과 비기독교인을 각각 1000명씩 나눠 조사한 것이라 오차가 많이 나는 것을 볼 수 있다.

한미준에서는 7년 전 조사한 1998년에 비해 기독교 인구가 0.9퍼센트 증가했다고 보고하고 있지만 사실상 1퍼센트가 안 되는 수는 출산도 안 했다는 이야기로 마이너스 성장했다는 말과 같다.

3년마다 한국 대학생의 의식과 생활을 조사했던 학원복음화협의회에서 지난 2012년 대학생을 상대로 1000명을 조사한 바에 따르면 기독교 신자의 감소 원인이 '기득권층 옹호, 교회 세습, 비리 연루 등 이미지 실추 때문(61.6퍼센트)'으로 나타났다. 갈수록 기독교의 이미지는 실추되고 있으며, 교회 내부에서도 외부에서도 교회를 비판하는 목소리는 커져만 가고 있는 현실이다. 하지만 이미지 실추가 정말 기독교 감소의 원인일까?

내가 할 수 있는 것은 예배와 말씀뿐

병상에 누워 신음할 때 하나님은 쩌렁쩌렁하게 주님의 음성을 들려주시고 내 심령에 깊게 각인하여 주셨다. 그 메시지는 다름이 아니라 "한국 교회에 희망의 불씨가 돼라!"라는 것이었다.

"저 같은 게 어떻게 희망의 불씨가 될 수 있을까요, 주님? 내로라 하는 신학생들과 실력 있는 해외 유학파 박사님들도 많은데 제가 무슨 일을 할 수 있을까요?"

"아직도 내 양을 칠 목자가 부족하다."

사실 나는 소위 내놓을 만한 스펙도 없다. 지방 국립대를 나왔고, 학부는 모양만 나는 정치외교학이었다. 그리고 신학대학원에서 목회학 석사 과정을 한 것, 그것도 개척하면서 서울과 울산을 오르내리며 시간을 쪼개 가면서 딸랑 신학 공부 3년 한 게 전부이다.

하지만 하나님의 말씀을 읽으면 주님의 음성이 들려왔고 주님의 마음까지도 내 심장에 전이되었다. 눈물이 났고, 주님의 심령을 전하지 않으면 잠도 오지 않았다. 내가 할 수 있는 것은 주님의 말씀을 전하는 것뿐이었다.

'그렇다. 내가 할 수 있는 것은 예배이다. 말씀이다.'

아버지께서 목회하시는 것을 보고 자라오기는 했지만, 겉만 봤지 크게 관심도 없었고, 관심을 갖고 싶지도 않았다. 목회를 어떻게 하는지도 잘 몰랐다. 교회의 조직과 행정, 운영을 어떻게 해야 할지도 잘 모르는 햇병아리 목회자였다. 그러나 다른 것은 잘 몰랐지만 내가 확실히 아는 것이 하나 있었다.

'빨리, 하나님의 말씀을 전해야겠다!'

아기를 출산한 엄마는 젖을 먹이지 않으면 젖이 땡땡 불어 터질 지경이 된다. 젖을 끊은 뒤 엄마들이 심하게 젖이 불어 고생하는 것을 잘 알고 있다. 개척하고 나서 말씀은 계속 준비했다. 교회도 짓고 개척도 했는데 설교를 들을 성도가 없었다. 교회당 끝에 달린 문만 바라보면서 기도했다.

'문이 열려서 제발 사람이 들어와 앉아라!'

정말 가슴이 아프고 아팠다. 양 떼가 없는 목자의 심정을 누가 알까? 하나님께서 희망의 불씨가 되라고 했는데 좀처럼 문은 열리지 않았다.

"주님, 개척은 했는데 낭떠러지네요. 희망의 불씨는커녕 내 코가 석 자네요."

교회의 희망과 꿈의 크기가 되기를

개척 후 4년은 생존과 믿음의 전쟁이었다. 누구에게 찾아가 아쉬운 소리를 하는 성격도 아니었고, 가족에게조차 물질적인 어려움을 이야기하지 않았다. 오직 하나님만을 바라보며 믿음으로 나아갔다. 무모하고 무식하고 미련해 보이는 나의 믿음을 하나님께서 바라보셨고, 과연 희망의 불씨로 타오르게 하셨다.

몇 년째 한미준에서 강사로 섬기고 있는데 한 번은 강의 후, 나이 드신 목사님 몇 분이 나를 따라와 붙잡고 대화를 청하셨다. 사실 다음 집회 스케줄이 이미 늦은 터라 너무 죄송하지만 급히 떠나야 한다고 말씀드리려 하는데 그 어르신 목사님들 눈에 눈물이 흐르고 있는 것이 아닌가. 그분들은 무슨 일인가 하여 차마 입을 못 떼는 내 손을 꼭 잡으며 말씀하셨다.

"목사님, 더 부흥하시고 더 왕성하게 사역해주십시오!"

"목사님 같은 분이 나오셔야 우리같이 힘들고 어려운 교회들의 희망이 됩니다. 목사님의 사역과 부흥이 우리가 꿀 수 있는 꿈의 크기가 되었습니다."

작은 농촌 교회를 담임하고 계시는 목사님들이신데 큰 교회를 담임하는 훌륭한 목사님들의 강의와 목회 노하우도 의미있지만 실제로 나같이 정말 아무것도 아닌 자가 아무 의지할 것 없는 곳에서 아무것도 없이 이룬 개척의 승리와 부흥의 이야기에 자신들은 가슴이 불을 받은 듯 뜨거워지고 사명의 심장이 다시 펄떡펄떡 뛴다는 것이었다. 나는 그분들의 말씀을 듣고 두려움을 느꼈고, 더불어 큰 도전을 받았다.

'여기서 멈춰서는 안 되겠구나! 이제 됐다고 안주해서는 안 되겠구나! 힘들어도 계속 더 전진, 또 전진해 나가야겠구나!'

어느 순간 나는 이 시대 작은 교회들과 힘을 잃어가는 사명자들에게 희망의 아이콘, 소망의 증거가 되어 있었다. 그래서 나는 굉장히 강한 책임감을 갖고 있다. 신문 인터뷰나 방송을 할 때 나는 이 간증이 안호성 목사를 소개하거나 우리 교회를 홍보하는 도구로 사용되지 않았으면 좋겠다고 말한다. 이를 통해 오직 희망을 잃어가는 한국 교회와 죽어가는 작은 교회들이 희망을 얻기를 소망한다.

그리고 나도 하나님께서 시퍼렇게 살아계심을 외치고 있지만, 작은 교회들의 수많은 목회자들이 우리 하나님이 시퍼렇게 살아계심을 정말 삶으로 체험하고 간증하는 증인들이 되었으면 좋겠다. 그것이 나의 유일한 꿈이다.

성도를 치유하는 교회가 돼라

한동안 힐링(healing) 열풍이 불었다. 많은 사람이 힐링을 입에 달고 살았고, 힐링이라는 단어가 붙지 않으면 대화가 되지 않을 정도였다. 제목에 힐링이라는 단어가 붙은 TV 프로그램도 생겼다. 우리말도 아닌 '힐링'이라는 단어는 어느새 우리나라 말처럼 되었다. 여전히, 지금 이 시대는 힐링이 넘치는 시대이다.

내가 두 번째 수술을 받고 병상에 누워 있을 때 기도 중에 하나님께서 주신 세 번째 비전은 힐링 처치(healing church)였다. 지금은 힐링이 대세인 시대가 되었지만 그 당시에는 아직 힐링이라는 단어조차 생소했다. 하지만 하나님께서 먼저 그때 내게 힐링 처치를 세울 것을 말씀하셨다. 말씀의 원 뜻을 그 당시에는 잘 몰랐다. 그저 하나님께서 치유하는 교회를 세울 것을 말씀하셨고 이제 그 말씀대로 한국 교회를 향해 치유의 메시지를 전하고 있다.

하나님의 은혜로 여기저기 이름이 조금씩 알려지더니, 2012년을 기점으로 나를 부르는 교회들이 많이 생겼다. 몇 명이 모이는지, 규모가 얼마나 큰지는 관심 없었다. 그저 나를 불러준다면 치유의 메시지, 희망의 메시지를 전하기 위해 달려갔다. 지금은 너무 많은 집회 요청이 들어와 거절해야 할 때가 더 많은 것이 죄송하고 안타깝다. 하지만 처음 그 마음만은 잃지 않고 지키려고 몸부림치고 있다.

어떤 교회에 갔더니 성도가 목사님까지 여섯 명이었던 적도 있다. 여섯 명을 위해 3일 동안 금식하며 한 끼도 먹지 않고 집회를 인도했다. 교회를 살리고 싶은 간절함 때문이었다. 반년 동안 3번이나 그 교회를 찾아 집회했는데 하나님 보시기에 기특하셨는지 그 시간 동안 성도가 100여 명으로 부흥하기도 했다.

사역은 반복이다. 예수님도 이스라엘 전체를 3년여 동안 쉬지 않고 다니셨고 이미 다녀가신 곳도 다시 가셨다. 나 역시 집회를 한 후 매년 반복해서 가는 교회들이 많다. 만날 때마다 부흥하고 성숙하는 모습을 보게 될 때 너무 행복하고 감사하다. 더욱 중요한 것은 성도들의 눈빛, 마음가짐, 태도가 바뀌었다는 데 있다.

큰 교회에서도 말씀을 증거하면 폭발적인 부흥이 일어났다. 1000여 명이 모이던 교회에 부흥강사로 말씀을 세 시간 넘게 증거한 일이 있었다. 그때 은혜받은 성도들이 다음 주에 1000명이 넘게 사람들을 전도해 왔다는 소식을 들었다. 설교 시간에 은혜를 받아도 막상 행동으로까지 옮기기는 쉽지 않다. 전도는 특히 더하다. 그런데 성도들이 전도했다! 우리 교회 성도도 아니었는데도 말이다. 하나님께서 여러 모양으로 나를 사용해주심을 분명히 느끼지 않을 수 없었다.

약간은 미안하지만 우리 교회 성도들에게 강조하는 것이 있다. 내가 받은 사명이니 여러분은 방해하지 말고, 더 잘할 수 있게 기도해주고 축복해주기를 바란다고. 감사하게도 우리 성도들은 모두 함께 기뻐하며 동역한다. 그것이 우리 울산온양순복음교회의 세 번째 비전이며 사명이기 때문이다.

부족한 종의 사역을 위해 매주 금식하며 기도하는 기도 동역자들이 우리 교회는 물론이요, 전국에 있다. 나의 가장 큰 재산이요 든든한 배경이다. 이 책을 통해서라도 그들에게 감사의 인사를 드리고 싶고, 변치 않고 겸손하게 사역함으로 그 은혜를 갚겠다는 고백 또한 드리고 싶다.

chapter 6

순복음의 무덤 울산으로

심장에 꽂힌 그 한마디

우리의 인생을 바꾸고 뒤집는 것은 어떤 거대한 움직임과 그럴듯한 징후가 아니다. 축복이 일어나고 기적이 일어나려면 먼저 말씀이 들린다. 하나님의 역사가 시작되려면 먼저 영의 귀가 열리고 '내 말씀'이 들린다. 나의 심장을 강타하고 확 휘어잡을 그 말씀 한마디면 인생이 역전될 수 있다.

어떤 통로를 사용하시든 하나님께서 나에게 주시는 세미한 그 음성 한마디를 들을 수 있으면, 그 말씀을 믿고 가슴에 새길 수 있으면, 그리고 그 말씀대로 순종하고 영적 모험을 실행할 수 있다면 내가 상상할 수 없는 기적을 인생 중에 반드시 맛보게 된다.

내 말씀이 들리는 것이 기적이다. 말씀이 들리면 축복이다. 그 말씀이 믿어지면 은혜이다. 그 말씀대로 살아가면 반드시 기적이 일어난다. 나에게 그 축복과 은혜의 기회가 찾아왔다. 그것은 신대원 강의를 듣던 중 찾아왔다.

"우리 순복음교단이 처음에는 이단 소리 들으며 핍박도 많이 받았지만 가는 곳마다 엄청난 부흥과 성장을 이루어 지금은 명실상부 한국 교회의 메이저 교단으로 성장했다."

"기독교 역사상 가장 큰 교회도 우리 교단에서 세워졌고, 이제 전국 어디서든 순복음교회를 쉽게 찾을 수 있으며 여의도순복음교회뿐 아니라 그 지역의 대표적인 대형교회들이 순복음일 때가 많다."

"우리 선배님들이 노력하셔서 이제 이렇게 든든하게 서 있으니까 걱정하지 말고 당당하게, 어딜 가나 자부심을 갖고 목회해라."

이렇게 교수님이 신학생들에게 자긍심을 고취시키며 격려하는 말씀을 하시다가 푸념 섞인 말을 던지셨다.

"그런데 말이야, 왜 유독 울산만 안 되는지 모르겠다."

"울산은 조용기 목사님의 고향이기도 한데 순복음이 자리를 잡지 못하고 그 큰 도시에 대표할 만한 교단 교회는커녕 교회 수가 적어 아직까지 지방회 하나 만들어지지 못했을 정도이다."

그러면서 교수님이 무심코 툭 던진 한마디가 내 심장에 꽂혔다.

"울산은 순복음의 무덤이야"

"울산은 순복음의 무덤이야"

"울산은 순복음의 무덤이야"

내 귀에 그 말이 너무 크게 반복해서 들려왔다.

'그래, 바로 이거다! 어차피 내가 순복음교회 왔으니 어영부영 살지 말고 가장 힘들고 어려운 곳 찾아가서 하나님 시퍼렇게 살아계심을 증거하는 데 내 인생을 바쳐보자!'

그리고 심장이 터질 듯이 뛰었다.

'순복음의 무덤으로 가자!'

나는 강의가 끝나자마자 교단 총회에 전화를 걸어 문의했다.

"제가 개척을 하려고 하는데 울산으로 가고 싶습니다. 혹시 순복음교회가 한 번도 세워지지 않은, 순복음의 절대 미답(未踏) 같은 지역이 있다면 가르쳐주십시오! 그곳에 가서 개척하겠습니다!"

처음에는 장난 전화인 줄 알고 끊어버려서 다시 전화를 걸어 설명해드렸다. 며칠 후, "울산 근교에 온양이라는 시골 마을이 있는데 그곳은 천지창조 이래(?) 지금까지 단 한 번도 순복음교회가 세워지지 않은 순복음의 불모지"라는 답변이 왔다.

내가 원래 개척 예정지로 마음먹은 곳은 세종시였다. 나는 아버지의 마지막 목회지였던 청주 근방이나 여러 가지로 익숙하고 편안한 충청권에서 목회를 하고 싶었다. 실제로 현지답사를 하며 많은 곳을 돌아다녔고 최종적으로 조치원 근방으로 개척 장소를 정했었다.

그러나 울산은 순복음의 무덤이라는 말이 내게는 커다란 도전의 음성이었다. 젊은 나이에, 하나님만 함께하시면 무덤이 아니라 더

한 곳이라도 들어갈 수 있다는 마음으로 나는 울산을 개척지로 정했다.

모두가 뜯어말리는 길

울산에서 개척하겠다고 하니 교단 목사님들도 교수님들도 다들 걱정 어린 시선으로 충고하며 뜯어말렸다.

"울산? 거긴 순복음교회가 성공한 예가 없는 지역이야."

"젊은 혈기에 한번 해보겠다는 용기는 가상하지만, 현실적인 것도 생각해야지!"

"내가 잘 아는 목사님도 울산 근처에서 개척했는데 결국 실패했어. 그 지역 정서도 고려해야 해. 잘 생각해보라고."

내려와서 알게 된 사실이지만 경상남도는 우리나라에서 복음화율이 가장 낮은 곳으로 꼽힌다. 수도권이나 중부, 전라도 지역은 복음화율이 20-30퍼센트 정도 되지만 이곳은 확연히 다르다. 복음화율이 10퍼센트 넘는 곳이 없고, 아직도 3퍼센트를 밑도는 곳이 많다.

그중 울산은 불교와 미신의 문화가 아주 짙은 곳이다. 인구 120만의 광역도시면서도 복음화율이 7퍼센트를 넘지 못한다(결국 내가 개척한 울산 변두리의 시골 마을은 복음화율 3퍼센트를 밑도는, 더 힘든 지역이었다). 게다가 울산은 장로교단의 텃밭으로 감리교단마저도 군소 교단처럼 여기는 곳이다. 그러니 순복음교단의 입지는 더 말할 것도 없었다.

수도권 신도시도 아니고, 울산이라고 하면 열이면 열, 백이면 백 모두 부정적인 소리만 들려왔다. 그렇게 다들 만류할 때 나는 거창고등학교의 직업 십계명이 떠올랐다.

① 월급이 적은 쪽을 택하라.

② 내가 원하는 곳이 아니라 나를 필요로 하는 곳으로 가라.

③ 승진의 기회가 거의 없는 곳을 택하라.

④ 모든 조건이 갖추어진 곳을 피하고, 처음부터 시작해야 하는 황무지를 택하라.

⑤ 앞을 다투어 모여드는 곳은 절대 가지 마라.

⑥ 장래성이 전혀 없다고 생각되는 곳으로 가라.

⑦ 사회적 존경 같은 것을 바라볼 수 없는 곳으로 가라.

⑧ 한가운데가 아니라 가장자리로 가라.

⑨ 부모나 아내, 약혼자가 결사반대하는 곳이면 틀림없다.

⑩ 왕관이 아니라 단두대가 기다리는 곳으로 가라.

당신의 인생을 이끄는 중대한 요소는 무엇인가? 삶의 중요한 선택을 해야 할 때 그 기준은 무엇인가? 중대한 결정을 내리게 하는 최종 권위는 무엇인가? 대부분은 가능성, 확률, 통계, 분석 결과,

상황, 처지, 형편, 감정, 관계, 물질, 정치 성향 따위일 것이다.

하지만 우리 그리스도인들은 그런 것에 의해 내 인생이 결정되도록 방치해서는 안 된다. 다른 것 다 필요 없고 딱 하나, 하나님의 콜링(calling), 하나님의 부르심을 따라가야 한다. 인생의 다음 행보를 결정하면서 하나님의 뜻과 말씀, 사명과 비전이 그 결정의 가장 중요한 요소가 될 때 그 걸음에 하나님도 동행하신다.

하나님은 가능성이나 확률 따위에 흔들리거나 상황, 처지 따위에 휘둘리지 않으신다. 숫자와 통계, 그래프의 추이 따위에 갇혀 있지도 않으신다. 그 모든 것을 뒤집고 흔들며 역전할 수 있는 분이심을 믿어야 하며, 그 믿음이 있다면 하나님 한 분만을 의지하고 신뢰하고 붙들어야 한다.

내 삶의 중요한 선택과 결정권을 그분에게 드려야 한다. 내 인생의 중요한 선택과 결정에 영향을 미치는 수많은 조건을 파하고 결국 결정을 도출하는 마지막 최후의 권위는 하나님의 말씀이어야 한다. 말씀 때문에 사명 때문에 비전 때문에 내린 결정과 선택이 강력하다. 오늘 당신은 세상이 요구하는 대로 가능성, 확률, 상황과 처지, 감정과 관계를 좇아 살아가려 하지는 않는가? 이제 결단하라!

존 파이퍼(John S. Piper)가 쓴 《모험이 답이다》(Risk is Right, 생명의말씀사)라는 소책자가 있다. 그렇다. 모험이 답이다. 영적 모험을 감행하라! 세상의 조롱을 등지고 그 길을 택하라! 결국 당신은 훗날 알게 될 것이다. 그 길이 맞았다는 것을.

사명의 심장 소리를 나침반 삼아

옆에서 누가 뭐라고 해도 '순복음의 무덤에 생명의 꽃이 피어나게 하리라!'라는 각오로 힘차게 뛰는 사명의 심장을 멈출 수 없었다. 충청권을 염두에 두었던 그 모든 계획과 생각을 정리하고 울산에서 개척하기 위해 여러 곳을 돌아다녔다.

그러나 울산 시내의 땅값은 상상을 초월해서 내가 가진 재정으로는 울산 시내에서 점점 멀어질 수밖에 없었다. 결국 실제로 개척한 곳은 울산 시내에서도 차로 30-40분 이상 가야 나오는 곳이었다. 우리나라에서 떠오르는 해를 가장 먼저 볼 수 있는 곳으로 유명한 바닷가 간절곶으로 가는 길에 남창(南倉)이라는 마을이 있다.

나를 가장 흥분시키는 매력적인 사실은 그곳에 순복음교회가 한 번도 세워진 적이 없다는 것이었다. 복음의 미답지에 선교의 첫 발을 내딛는 선교사님들처럼 나도 순복음교회로는 그 지역 첫 번째 교회가 된다는 사실에 흥분되었다.

2003년, 펄떡펄떡 뛰는 사명의 심장 소리 하나만을 나침반 삼아 무작정 생면부지의 땅, 울산시 울주군 온양읍 운화리로 내려왔다. 정말 무엇을 어떻게 해야 할지 알지 못했다. 목적은 분명한데 아무것도 없는 맨땅에서 어떻게 교회를 세워가야 할지 막막했다. 정말 기도밖에 할 것이 없었고 할 수도 없었다.

개척할 때 사용하려고 모아 놓았던 전 재산으로 어렵사리 땅 80평을 구입하고, 그 땅에 무릎을 꿇고 기도했다.

"하나님, 제가 왔사온데 뭐를 어떻게 해야 될지 모르겠사오니 나를 사용해주세요. 하나님 명령하신 것이니 하나님 시퍼렇게 살아계심을 천하 만방에 드러내는 그런 종으로 사용해주세요."

그때 나는 신대원 들어간 지 얼마 안 된 풋내기 신학생 전도사, 그것도 결혼도 안 한 총각의 몸이었다. 가진 건 하나님에 대한 전폭적인 신뢰와 몸뚱이 하나뿐이었다. 교인 한 명도 없이, 재정적 후원 없이 누구의 도움도 받지 않고, 그야말로 맨땅에 헤딩하는 심정으로 생개척의 역사가 시작된 것이다.

하나님께서 주신 사명 하나로, 절망과 침체, 부정적 사고와 패배주의에 빠져 있는 한국 교회를 깨우고 "우리 하나님 아직도 시퍼렇게 살아 계신다!" 외치고 증명하고자 울산으로 내려왔지만 현실은 녹록지 않았다.

가진 돈 탈탈 털고 보험까지 깨서 땅을 사고 대출을 받아 얼마 되지 않는 돈으로 자그마한 예배당을 짓기 시작했다. 그때는 공부와 성전 건축과 개척 준비까지 세 가지를 동시에 하고 있었다. 서울을 오가며 주중에는 신학교를 다니고, 수업이 없는 날은 내려와서 매일 혼자 벽돌을 지고 등짐을 나르며 건축 작업을 했다.

지금은 거의 건축 전문가가 되었지만, 그때는 아는 것이 거의 없었다. 그래도 기술이 없어서 못 하는 것 빼놓고 내가 힘으로 할 수 있는 일은 직접 다 했다. 철근과 모래를 지어 나르고 처음 해보는 공사장 막일을 기쁨으로 감당했다.

일본 유학 시절에 주님과 처음 열정적인 사랑에 빠져 하루하루가 행복했던 기억들도 새록새록 떠올랐다. 하나님의 성전을 짓는다는 기쁨에 잠시도 쉴 틈이 없었다. 비가 오는 날이면 비에 젖는 골조를 보며 마음도 촉촉하게 젖었다.

'젊다는 게 뭐냐? 젊은 날엔 고생도 사서 한다는데, 하물며 하나님의 영광을 위해 내 몸을 바친들 그 무엇이 아까우랴!'

돈이 없어서 무릎 꿇고 기도하며 아르바이트를 해서 재료비 살 돈을 모으고 돈이 생기는 만큼 조금씩 조금씩 성전을 지어갔다. 그래서 공사는 더딜 수밖에 없었고, 그렇게 오랫동안 공사를 했다. 한 달이면 지을 48평짜리 단층건물 하나를 짓는 데 해를 넘겼다.

정말 피와 눈물과 땀으로 건축한 건물이었다. 마음이 있으니 길이 보였고, 비록 시간은 걸렸지만 울산온양순복음교회 예배당이 드디어 완공되어갔다. 애초에 원했던 2층으로 짓지 못하고 1층으로 마무리된 데다 48평 단층건물에서 총각 전도사 홀로 기거할 강단 옆 작은 방과 교인들이 사용할 화장실을 빼니 본당이라 해봤자 40평이 채 안 됐다. 게다가 주방이나 식당, 현관도 없이 문 열면 바로 마당인 작은 성전이었지만 너무도 감격스러운 나의 첫 목회지였다.

홀로 드리는 새벽기도

2004년 1월 1일, 완벽하게 마무리도 되지 않은 성전에서 창립예배를 드림으로 목회를 시작했다. 성도도 없고 새벽기도 나오는 사람도 한 명도 없을 때 나는 항상 새벽에 나가면서 하늘을 향해 기도드렸다.

"하나님, 지금도 듣고 계시죠? 너희 말이 내 귀에 들린 그대로 행하신다 하셨죠. 이 교회를 통해서 시대를 깨워주시고 살려주옵소서. 이 교회를 죽어가는 한국 교회를 일으키는 도구로 사용하여 주옵소서. 추운 겨울날 찬물을 끼얹듯, 정말 이 시대가 우리 교회를 통해서 깜짝 놀라게 하시고 정신 차리고 영적으로 다시 한번 깨어나게 도와주옵소서."

··· 여호와의 말씀에 내 삶을 두고 맹세하노라 너희 말이 내 귀에 들린 대로 내가 너희에게 행하리니 민 14:28

말은 그렇게 중요한 것이다. 나는 매일같이 하나님께 믿음으로 이 기도를 드렸고, 하나님께서 그 기도대로 그 말대로 우리 교회를 사용해주고 계신다.

하나님께서 시퍼렇게 살아계심을 증명하고자 순복음교단에서도 가장 힘들고 어려운 곳을 찾아 혈혈단신(孑孑單身) 내려와 그 초라한 단층건물에서 시작한 개척 목회는 개척한 지 11년 만에 5번의 성전 건축을 하고 이 지역에 복음이 처음 들어와 교회가 세워진 지 100여 년 동안 누구도 뛰어넘지 못한 모든 한계를 뛰어넘고 지역의 기독교 역사를 새로 쓰고 있다.

하나님은 시퍼렇게 살아계신다! 그러나 그 살아 역사하시는 하나님의 놀라운 기적과 행하시는 일들을 아무나 체험할 수 있는 것은 아니다. 세상이 볼 때는 미친 것처럼 보이고, 가능성이 희박해 보여도 그 희박한 가능성을 뒤집고, 처절한 상황을 이기고, 열악한 처지와 형편을 극복하고, 익숙한 감정과 달콤한 관계에 휘둘리지 않고 주님이 주신 사명과 비전을 따라 도전하고 모험하는 자들만이 누릴 수 있는 환희요 훈장이다.

예배당이 아니라 오직 하나님만 바라보며

건물을 이렇게 저렇게 해서 모양은 거의 갖췄는데 막상 필요한 것들이 하나도 없었다. 강대상도 없었고 마이크는 물론 앰프 시설도 없었다. 언감생심 에어컨, 온풍기도 없었다. 심지어 장의자도 하나 없었다. 아니, 의자는커녕 당장 내일 먹을 쌀도 없는 지경이었다.

옛날에 개척하신 목사님들 간증에 왜 사과 궤짝이 꼭 등장하는지 이해가 갔다. 정말 돗자리를 깔고 사과 궤짝이라도 갖다 놓고 예배를 드리기로 했을 때 극적으로 한 기도원에 버려진 강대상과 장의자 몇 개가 있다는 단비 같은 소식이 들려 한걸음에 달려가 얻어왔다. 그리고 개척했다가 문 닫은 교회에서 내놓은 장의자 몇 개를 주워오고, 멀리 부산에 있는 군부대에서 부대 교회를 새로 건축하며 낡고 오래된 의자들을 버린 것이 있다 하여 트럭을 빌려 실어왔다.

얻어온 의자들은 튀어나온 못들을 겨우 망치로 휘어 정리하고 군인들의 짓궂은 낙서들을 지우고 페인트칠을 했다. 여전히 삐걱거리는 의자들이 하나씩 예배당에 삐뚤빼뚤 자리를 잡았다. 여섯 자, 일곱 자, 아홉 자, 열한 자…. 여러 곳에서 가져다 놓은 의자들은 길이도 모양도 제각각이고 제대로 줄이 맞지도 않았다. 나중에 예배당에 들어오는 사람들은 모두 정글에서 나뭇가지들을 헤치듯 요상한 춤(?)을 추며 간신히 의자에 앉는 진풍경을 연출했다.

"전도사님, 중고 성구사 전시장 같아요"

"길이도 제각각이고, 모양도 그렇고, 높이도 다 다르네요?"

"의자 길이가 제각기 다른 건 무슨 심오한 뜻이 있는 건가요?"

나는 씨익 웃으며 답했다.

"예배드리러 올 때 삐뚤빼뚤 길이가 각기 다른 장의자들 사이로 지그재그 다윗처럼 즐겁게 춤추며 들어오라는 하나님의 배려이며 기가 막힌 섭리입니다!"

의자뿐이랴. 얻어온 피아노는 소리도 제대로 나지 않았고 강대상은 금방이라도 무너져 내릴 것같이 위태위태했다. 방송시설은 꿈도 못 꾸고 야유회 같은 데 들고 다니는 이동식 앰프에 13,000

원짜리 허접한 마이크를 꽂아서 썼다. 무엇 하나 제대로 갖춰진 것이 없는, 초라하기 짝이 없는 시작이었다.

많은 분이 내게 "개척의 막차를 탔다"라고 했다. 도시에서는 승산이 아예 없으니 시골에 전원교회 콘셉트로 차별화를 시도한다고도 했다. 하지만 우리 교회의 개척 초창기에 직접 와서 보신 분들은 하나같이 경악했다. 산골짜기, 읍소재지 시골에 덜렁 외로이 세워진 교회, 그 안으로 들어오면 삐뚤빼뚤 도무지 길이가 맞지 않는 장의자들…. 강대상을 보며 "이건 전원교회 콘셉트도 아니고, 농촌교회 콘셉트도 아니고 딱 60년대 콘셉트인데!" 하고 놀란 분도 있었다.

하지만 그때는 이것저것 가릴 처지도 아니었거니와 '예배당을 바라보지 말고 오직 하나님만 바라보자'라는 마음뿐이었다. 내 손으로 지어 내 피와 땀으로 흥건하게 젖은 울산온양순복음교회…. 처음 하나님께 봉헌한 그곳을 생각하면 지금도 가슴이 뜨거워진다.

chapter 7

연명이 아닌 사명의 인생

구원, 이유는 없어도 목적은 있다

영국에 있을 때, 챔피언스 리그 경기가 있는 날 버스정류장에서 기차 응원을 하고 있던 현지 팬들과 마주쳤다. 같이 안 하면 맞아 죽을 분위기여서, 피곤해 죽겠는데도 그들 사이에 끼어서 앞사람의 어깨를 잡고 노래를 따라 부르며 2시간 정도 응원을 한 적이 있다. 그 정도로 유럽에서는 챔피언스 리그가 굉장히 인기가 있다.

결승까지 올라간 토트넘의 손흥민 때문에 한국에서도 상당히 관심이 많았던 18-19챔피언스 리그는 세계 최고의 축구선수 호날두가 레알 마드리드에서 유벤투스로 이적해 처음 치르는 챔피언스 리그이기도 했다. 그때 아틀레티코 마드리드와 격돌한 16강전에서 유벤투스는 1차전을 2대 0으로 져서 탈락 위기를 맞았다.

3점 차 이상의 대량 득점 승리가 절박했던 16강 2차전에서 호날두는 무려 3골을 몰아넣으면서 상대 팀을 대파하고 영웅이 됐다.

그날 밤 땀이 흥건한 호날두가 흥분된 상태로 거친 숨을 몰아쉬며 인터뷰를 하는데, 가슴이 쩡했다.

"이것이 바로 유벤투스가 나를 이 팀에 데려온 목적입니다. 오늘 밤은 내가 팀이 나에게 원하는 그 모습을 보여주고 팀이 나에게 그 거액을 들어서 나를 데려온 목적을 이룬 것 같아서 세상 누구보다도 행복한 밤입니다."

난 그것을 보면서 '그래! 저게 바로 우리 인생의 고백이 되어야 하겠구나!'라는 생각을 했다.

유벤투스가 거액을 들여 호날두를 영입할 때 세간의 반대도 많았다. 축구선수로서는 전성기를 지난 나이에 최고의 이적료를 지불하고, 호날두보다 잘나가는 선수들보다 많은 연봉을 주는 것에 대해 그만한 가치가 있겠느냐는 의구심도 많았는데 보란 듯이 유벤투스를 8강에 올려놓으며 멋지게 인터뷰를 했다. 팀이 나를 데려온 목적을 이룰 수 있으니 내가 오늘 가장 행복한 사람이 아니겠냐고.

우리도 마찬가지이다. 하나님께서 나를 구원하실만한 어떠한 이유도 없는데 어느 날 느닷없이 "네가 내 아들이다. 네가 내 딸이다" 하시며 나를 구원하셔서 의롭다 하셨다. 그것 외에는 어떠한 이유도 없다. 오늘 우리가 구원받을 만한 이유가 있는가? 어떠한 이유도 없다. 우리는 죽어야 마땅하다. 그런데 하나님께서 아무런 이유도 없이 우리를 구원해주신 것이다.

세상에는 불신자들이 있다. 정말 그 삶의 종착역이 어디인지도 모르고 지옥을 향해 달려가고 있는 저 안타까운 사람들이 있다. 그 사람들이나 우리나 별반 다를 것도 없는 인생인데 하나님은 나를 의롭다 하셨다. 그러나 '구원의 이유'가 없다고 '구원의 목적'도 없다고 착각하면 안 된다.

2017년 10월 1일, 미국 라스베이거스에서 공연 중에 한 괴한이 총기를 난사하여 59명이 목숨을 잃고 수십 명이 다치는 안타까운 사건이 일어났다. CNN 뉴스에서 현장에 있던 한 남성이 충격을 억누르지 못하고 벌벌 떨며 인터뷰를 했다. 공연을 즐기며 서 있었는데 총소리와 함께 바로 옆에 있던 여성이 총에 맞아 쓰러져 죽었다는 것이다. 순식간에 벌어진 그 참담한 사건에 대해 그는 눈물을 흘리며 말했다.

"나는 평생 나에게 질문해야 할 것 같습니다. 도대체 왜 그녀는 죽었고 나는 살아 있는지. 이해할 수 없는 이 질문을 나는 평생 하며 살 것 같습니다."

'살아 있는 목적을 죽을 때까지 질문하면서 의미 있고 가치 있게 살고 싶다'라는 뜻이리라.

나는 이것이 기독교인의 고백이 되어야 한다고 믿는다. 죄로 인해 다 죽어가는 이 세상 속에서 우리가 살았다. 구원받았다. 아무 이유도 없이…. 우리는 이것에 감격하는가? 감격해야 한다. 정말 감사한 것이다.

하나님께서 우리를 먼저 구원해주신 이유는 없지만 구원해주신 목적은 있다. 우리를 먼저 구원하시고 하나님의 뜻과 목적대로 사용하시려는 하나님의 계획이 있다. 그러므로 우리는 그 목적대로 살아갈 때만 진정 행복하고 가치 있게 살 수 있다.

호날두가 거액을 주고 자기를 영입한 팀의 요구와 기대를 이루며 살아갈 때 가장 행복해하고 희열을 느끼는 것처럼 우리 인생도 그래야 한다. 거액 정도가 아니라 독생자 예수 그리스도의 핏값으로 나를 살리고 부르신 하나님의 목적대로 살아갈 때 우리 인생도 가장 행복하다.

사명을 이루는 인생은 행복하다

칼 힐티(Carl Hilty)라는 작가가 쓴 《잠 못 이루는 밤을 위하여》(Fur schlaflose Nachte, 범우사)라는 책에 이런 구절이 있다.

"우리 인생에서 가장 행복한 순간은 내 목숨을 버려도 좋을 만한 인생의 목적과 사명을 발견하는 순간이다."

그 책에서 내가 가장 멋지다고 생각하고 가장 좋아하는 구절이다. 당신은 이 구절에 공감하는가? 나는 이것을 위해서라면 지금 당장 죽어도 좋을 만한 하나님을 향한 내 꿈이 있고, 하나님께서 나에게 맡겨 주신 목회의 목적과 사명이 있다.

내가 할 수 없이, 선택할 수 없이 부득불 죽는 게 아니라, 그 사명을 위해 하나님께서 내 심장을 꺼내 바치라고 허락하고 명령만 하시면 나는 내 심장을 꺼낼 수 있다.

사명과 목적이 있는 사람들은 두려움도 없고, 인생이 가장 행복하다. 행복은 상황, 처지와 형편, 외부의 조건에 있지 않다. 사명의 심장이 펄떡펄떡 뛰는 사람은 세상에 부러울 것이 없다. 내가 그것을 느꼈다. 내가 인생의 행복을 다시 느꼈을 때는 처우가 개선되고 환경이 변했기 때문이 아니었다.

사명의 심장 소리가 줄어들면 이때부터 내 삶과 목회는 불행하다. 짜증 나고 섭섭하고 서운하다. 그런데 아무것도 변한 것이 없어도, 아니 오히려 삶의 질이 열악해지고 처우와 대우가 더 안 좋아져도 사명의 심장이 뛰면 너무너무 행복한 것을 느낀다.

일전에 한 교단에서 연합성회를 할 때, 인도에서 사역 중인 선교사님 몇 분이 집회에 참석하셔서 함께 식사하러 간 적이 있다. 그분들은 정말 열악한 환경에서 인도의 최하층 계급의 사람들에게 사역하고 계셨다. 그분들의 이야기는 똥으로 시작해서 똥으로 끝났다. 인도에서는 길에서 용변을 아무렇지도 않게 보는 것은 물론, 때로는 기차 객실 칸에서도 그런다는 것이다.

나는 화장실과 욕실에 관련되어 약간의 결벽증 같은 게 있다. 다른 건 괜찮은데 욕실이나 화장실이 더러우면 어찌할 줄을 모르겠다. 그런데 그분들 이야기를 들으니 현기증이 났다. 나는 얘기만 듣고 상상만 해도 두드러기가 올라오고 호흡이 가빠지고 미칠 것 같은데 놀랍게도 그분들은 똥 얘기를 그렇게 하면서 소고기를 정말 맛있게 드셨다. 인도에서는 소고기를 잘 못 드시니까 좋은 고깃집에 가서 내가 대접을 해드렸는데, 내 입맛은 다 떨어지게 만들어놓고 소고기를 엄청 잘 드셨다.

그분들은 똥 밭에서 사역하는 이야기를 하면서도 해맑게 웃으며 소고기를 드시는데, 나는 깨끗한 차를 타고 매일 이어지는 집회 때문에 1년 365일 중 300일 정도를 좋은 호텔에서 지내면서도 가끔은 불평도 나오고 짜증도 느끼고 섭섭해하기도 한다. 그분들을 만나고 나서 생각했다. 행복은 환경과 처지의 문제가 아니라고….

진짜 행복은 칼 힐티의 말처럼 내 인생에 죽어도, 내 목숨을 내던져도 좋을 만한 인생의 목적이 있는 것이다. 진짜 분명한 내 사명이 있는 사람, 그 사명의 심장이 뜨겁게 뛰고 그 힘으로 사는 사람이 진짜 행복한 사람이다. 사명 있는 사람들은 행복에 겨워 정말 설렘 속에 하루를 맞이하고, 시간이 어떻게 가는지도 모른다.

물론, 사명자들에게 어려움이나 불행한 일이 없다는 것은 아니다. 사명을 붙들고 살아도, 하나님의 뜻과 목적을 붙들고 하나님을 위해 헌신하며 살아도 안 좋은 일이 많고 근심과 걱정거리투성이일 수 있다. 그러나 그런 것들이 그의 인생을 늪처럼 끌어내리지 못한다. 잠시 잠깐은 슬플 수 있지만 금방 회복하고 정신 차린다.

사명자들은 슬플 시간도 없고, 우울할 시간도 없다. 우울하고 슬퍼서 맨날 방구석에 처박혀서 징징거리는 것은, 어떤 경우는 정신적 질환일 수도 있겠지만, 그게 바로 사명이 없는 사람들의 모습이다. 사명이 아니라 연명의 인생, 그저 먹고 사는 것이 목적인 사람들의 특징은 불행이다. 힘겹게 아침에 일어나면 방이 꺼질 듯 한숨을 쉬고, 오늘도 먹고 살려고 직장으로 천근만근 발걸음을 억지로 옮기는 불행한 인생이다.

이제는 선택해야 한다. 태어났으니 어쩔 수 없이 살아야 해서 그렇게 하루하루를 꾸역꾸역 재미없이 살 것인가? 아니면 먹고살기 위해 애쓰는 삶을 종결하고, 하나님께서 주신 사명을 발견하고 그것을 이루며 행복하게 살아갈 것인가?

연명(延命)의 삶이 아니라 사명(使命)의 멋진 인생을 출발하기를 바란다. 모세는 이 삶을 80세에 시작했다. 이 과감한 결단과 모험을 시작할 때 우리가 이전에 경험하지도, 꿈꾸거나 상상하지도 못했던 그 놀라운 축복의 세계가 열린다.

심심해 죽겠어? 그러다 진짜 죽는다

일전에 한 신문에 '심심해 죽겠어? 그러다 진짜 죽는다'라는 제목의 칼럼을 쓴 적이 있다. 칼럼 제목이 좀 과격하지만, 목사님들 읽는 신문이기에 목회자들 먼저 정신 차리자고 썼다.

'전국의 심심한 목사들이여, 전국에 한가한 목사들이여. 정신 차려야 한다. 교회가 작고 성도가 몇 안 되어서 한가한가? 심심한가?

사역을 쉬고 싶고 교회 일을 내려놓고 한가로이 지내는 성도들이여, 정신 차려야 한다. 오늘 맡기신 사명에 나의 심장이 뜨겁게 뛰고 있는지 점검해 봐야 한다. 사랑하는 만큼 할 일이 보이고 열정을 쏟는 만큼 계속해서 할 일이 생긴다.'

이 칼럼의 제목은 영국 런던대학의 한 발표 자료에서 왔다. 런던대학의 의과대학에서 조사한 바에 따르면, '이 말'을 자주 쓰는 사람은 이 말을 쓰지 않는 사람보다 사망률이 무려 두 배나 높았다. 의학계에서 비교군 간에 200퍼센트, 두 배 차이이면 어마어마한 수치이다. '이 말'이 무엇인지 아는가? "아, 따분해", "아이, 심심해" 이다.

내가 신학교에 들어갈 때 우리 아버지가 나를 앉혀놓고 안수하며 해주신 기도가 아직도 생각난다.

"주여, 우리 아들이 이렇게 돌다 돌다 정말 하나님 원하시는 자리로 돌아왔습니다. 이제 이 아들이 목회를 할 텐데, 이 아들이 목사들의 목사가 되게 하시고 교회들의 교회가 되게 하여주옵소서."

아버지는 기억도 못 하시지만 나는 그 기도를 아직도 선명하게 기억한다. 그런데 진짜 그렇게 되어 있다. 그래서 아버지께 항상 감사하다고 말씀드린다.

아버지는 그 기도 후에 바로 이런 말씀을 들려주셨다.

"호성아, 이제 네가 목회자가 될 거 아니냐? 그런데 아빠가 평생을 목회해보니까 목사라는 이 자리는 그래. 바쁘려고 하면 한도 끝도 없이 바빠. 할 일이 계속 있어. 그런데 한가하게 쉬고 놀려고 하면 얼마든지 쉴 수 있고 한가해. 할 일이 없어."

목사라는 이 자리는 누가 출퇴근을 체크하는 것도 아니고 내가 오늘 성경을 얼마 읽고 기도를 얼마 했는지 보고서를 내는 것도 아니어서, 쉬고 놀려고 하면 한도 끝도 없이 놀 수 있다. 반면, 일을 하고자 하면 할 일이 계속 나오고 한도 끝도 없이 쌓이는 곳이기도 하다. 교회의 규모가 문제가 아니다. 아무리 교회가 작아도 사명의 심장이 뛰고 멈추지 않는 한 목회는 쉴 틈이 없다.

"그런데 이건 누가 시키고 결정해주는 게 아니라 자기가 선택하면 돼. 오늘 너의 선택에 따라 평생을 편하게 한가하게 쉬는 목사가 될 수도 있고, 정말 눈코 뜰 새 없이 바빠서 시간도 모자란 목사가 될 수도 있을 텐데, 네가 결정하고 나가면 하나님께서 그에 맞게 일을 주실 거야. 너는 어떤 목사 될래?"

그때 나는 엉겁결에 "바쁜 목사 될래요"라고 답했고, 하나님께서 이렇게 숨 쉴 틈 없이 사용해주셔서 이렇게 원 없이 바쁘게 살고 있다. 나는 주를 위해 썩고 녹슬어 없어지는 것이 아니라 닳아 없어지고 싶다.

오늘 이 책을 통해 하나님께서 당신에게도 질문하고 계시는지도 모른다. 당신도 나처럼 고백해보라! 사명으로 바쁜 인생, 쉴 틈 없는 인생을 살겠노라고!

사명을 붙들고 선택하고 살아가는 교회와 목회자와 성도들은 '정말 세상에서 이렇게 꿈과 같고 천국 같은 재미있는 인생이 있구나' 하고 생각한다. 한번 그 맛을 보면 사역만큼 행복한 게 없고, 신앙생활만큼 재미있는 게 없다. 재미가 없다면 선하신 하나님의 역사를 맛보지 못해서 그렇다.

그저 먹고 살라고 직업을 주신 게 아니고, 하나님의 뜻을 위해 살아가라고 건강과 재능과 지식이며 관계와 영향력 등 그 모든 것을 주셨을진대, 그것들을 하나님의 뜻과 목적대로 잘 사용할 때 우리는 참된 행복을 누리며 살아갈 수 있다.

오늘도 하나님의 사람 중에 하나님께서 자신을 부르신 목적과 사명과는 상관없이 그냥 세상에서 한가하게 돈 벌고, 먹고살고, 자녀들 대학 보내고, 차 바꾸고 집 넓히는 데만 인생의 초점을 맞춘 채 살아가는 불행한 인생들이 있다.

이제 연명의 삶은 끝내고 사명의 삶을 선택하기를 소망한다. 이전에 지나보지 못한 길에 도전하라. 그 거대한 물줄기에 발을 담글 때 물이 갈라지고 하나님께서 길을 내서서, '이전의 신앙생활은 광야였구나, 사막이었구나' 할 만큼 경험해보지 못했던 삶이 열리고, 내가 맛보지도 못한 삶을 비로소 살아갈 수 있다.

성도가 가장 멋져 보이는 자리

프리미어 리그의 명문 구단 '맨체스터 유나이티드'에 알렉시스 산체스(Alexis Sanchez)라는 선수가 있다. 나도 축구를 좋아하는 마니아인데 산체스가 이 팀 선수인지 잊어버릴 정도로, 그가 이적 후 이팀에서 경기하는 것을 거의 본 적이 없다.

구단과 감독이 크게 기대하며 거액을 주고 영입했는데 툭 하면 부상으로 전력에서 이탈하여 필요할 때 한 번도 제대로 쓴 적이 없다. 고전을 면치 못하던 팀은 그를 결국 다른 팀으로 임대를 보내버렸다.

영국의 유명한 스포츠 칼럼니스트인 폴 머슨(Paul Merson)은 산체스에 대해서 이렇게 기고했다.

'아스날에서 뛰던 산체스는 마치 어린아이같이 행복했다. 꿈을 향한 도전과 산체스의 그 열정이 그에게서 빛이 나게 만들었다. … 지금 산체스는 빛을 잃어버렸다. 그의 너무 높은 주급이 그의 광채를 사라지게 만들었다. 그리고 그의 행복도 앗아갔다.'

돈을 더 많이 받으면 더 행복할 줄 알았더니 오히려 그 때문에 목적과 꿈을 잃어버리자 가장 불행하고 빛도 나지 않는 인생을 살게 됐다. 산체스는 목적 없이 살아도, 병원에 앉아 있어도 어차피 주급 7억 원은 꼬박꼬박 나온다. 그런데 그게 행복한 인생인가?

사람은 자신이 있어야 할 곳에 있을 때 가장 멋있다. 나는 진짜 안정환 선수 팬이었다. 첫 번째 팀인 부산 대우 로얄즈에서 파란 유니폼을 입고 머리띠를 하고 긴 머리를 휘날릴 때부터 팬이었다. 안정환은 긴 머리 휘날리며 그라운드에서 야생마처럼 뛰어다닐 때가 가장 멋있었다.

농구선수 우지원은 농구 코트의 황태자로 코트에서 3점슛을 던질 때가 가장 멋있었다. 축구 국가대표 박지성은 외모는 볼품없다. 명품 수트를 입어도 태가 안 난다. 그런데 희한하게 유니폼만 입으면 멋있다. 자기가 있어야 할 곳에 있어야 할 그 모습으로 있을 때 가장 멋지다.

성도는 하나님께서 원하시는 사명자의 모습으로 사명의 현장에서 뛸 때 가장 멋있다. 하나님께서 주신 그 멋진 사명의 옷을 입고 있는가? 어울리지도 않는 세상의 옷을 입고 꾸역꾸역 밥 먹고 사는 데 몰두하고 있었다면 이제는 정신 차려야 한다.

오늘도 나에게 주신 명예, 권력, 영향력, 관계, 재능, 직업, 물질이 있다면, 그것을 놓고 '하나님께서 이것을 왜 주셨는가?'를 스스로 묻고 생각해야 한다. "네가 이것을 얻은 것이 이때를 위함이 아닌지 누가 알겠느냐?" 하신 에스더서 말씀을 나에게도 주신 말씀으로 알고, 그 목적과 사명을 발견해서 내 재물과 시간, 재능과 영향력과 관계를 쏟아부을 수 있는 멋진 인생이 되기를 바란다.

마음의 부담이 사명이다

사명의 인생을 살 것에 동의했어도 "뭐가 사명인지 알았으면 좋겠습니다. 그럼 내가 할 거 아닙니까!" 하며 자신의 사명이 무엇인지 궁금해하는 분들이 많을 것이다.

갑자기 하늘이 갈라져 홀연히 빛이 쏟아지며 하늘에서 음성이 들려서 "사랑하는 내 아들아, 이번 주 ○요일까지 얼마를 헌신하라", "어디 선교지로 가라" 이렇게 정확하게 말씀해주시면 정말 목숨을 바쳐서 그 길을 가겠는데 그런 일은 잘 일어나지 않는다.

사명을 어떻게 주시는지 보니 대부분이 마음의 부담감으로 다가온다. 말씀을 듣는 중에, 누가 뭐라고 한 것도 아니고 나는 사정을 잘 알지도 못하는데, 그 말씀에 내가 찔린다. 이상하게 그때부터 뭔가 부담이 된다.

어떤 선교지의 어려운 이야기를 들었을 때, 혹은 목사님이 어떤 비전을 선포하고 말씀을 주셨을 때 누가 뭐라 하거나 시킨 것도 아닌데 이상하게 마음이 걸리고 부담이 된 적이 있는가? 이상하게 내 마음에는 걸리고 내 눈에는 밟히는 그게 바로 사명이다.

성전 의자가 저절로 질서정연하게 있는 줄 아는가? 의자는 매일 비뚤어진다. 그런데 의자들이 질서정연하게 있는 것은 누군가가 늘 정리해놓기 때문이다. 어떤 사람은 수없이 왔다 갔다 해도 이 의자의 비뚤어짐이 보이지 않는데 어떤 사람은 이것이 자꾸 보이고 마음에 걸린다. 예배당에 떨어진 쓰레기 조각이 남들 눈에는 보이지 않는데 내 눈에는 보인다면 그것이 자기 사명이다.

목회 중에도 이런 일이 종종 일어난다. 누가 시킨 것도 아니고 부담을 준 것도 아닌데 어떤 차를 볼 때 '우리 목사님 이 차 사드리면 좋겠다'라는 마음의 감동이 와서 헌신한 분이 있다. 아무리 거절하고 안 받아도 계속 찾아와서 1년여 만에 결국 자동차 선물을 받은 적도 있다. 누가 시켜서 하면 시험이 되겠지만, 마음의 감동으로 누가 말려도 해야만 하는 일이 있는데 그것이 사명이다.

모세는 누가 시키지도 않았는데 일찍부터 유대 백성들에 대해 마음에 이상한 애틋함이 있었다. 압제 받고 핍박당하는 민족을 위해서 이집트 왕자의 자리를 버릴 정도로 부담감이 있었다.

우리에게도 말씀을 받을 때 주시는 부담이 있다. 그 부담을 붙잡길 바란다. 사명은 늘 그렇게 부담스럽게 온다. 그래서 사명이 내 생각과 심장 안에만 머물 때는 늘 '부담부담'이다. 이것을 죽을 때까지 가져가면 평생 부담스럽다. 비슷한 말씀만 들으면 괜히 죄지은 사람처럼 '부담부담'이다.

마음속에만 사명이 머물면 죽을 때까지 '부담부담'이지만, 이 사명이 손발로 이어져 실행되면 그때부터는 '기쁨기쁨'이요 '행복행복'이 된다. 누가 뭐라고 하지도 않았는데 스스로 괜히 찔리고 마음이 이상해서 교회를 떠나기도 하고, 반대로 얼마 전까지 부담스럽던 말씀인데 순종하고 헌신하고 섬기고 행했더니 이상하게 행복해진다. 이 기쁨과 행복의 삶을 사시길 바란다.

아픔이 사명이다

때로는 아픔이 사명이다. 많은 신앙인과 사명자들이 삶에 찾아온 아픔과 고난과 어려움 때문에 오히려 사명을 발견한다. 인간적으로는 실패와 고난처럼 보였는데 그때 오히려 사명을 발견한다. 시대의 인물들이 대개 다 그랬다.

미국 역사상 최초의 여성 의사이자 런던 여자의과대학의 설립자인 엘리자베스 블랙웰(Elizabeth Blackwel, 1821-1910)도 그러하다. 미국에서 흑인의 참정권이 보장된 것이 1870년이고 여성의 참정권을 인정한 것은 1920년이었으니 여성의 인권은 거의 없다시피 했던 시대에 그녀는 당당하게 뉴욕 북부의 제네바 의대에 입학했다.

여자들이 의사가 되기는커녕 의대 입학도 할 수 없던 1847년, 26세의 엘리자베스는 제네바 의대를 찾아가서 입학 허가를 애원했다. 애절한 요청이 계속되자 학교 측에서는 의대생 150명 전원의 찬성을 받으면 입학을 허가해주겠다고 했다. 의대생들의 반대가 뻔했기에 사실상 놀림거리로 취급한 것이다.

그런데 그녀는 의대생 150명을 한 명씩 모두 만나 설득했고, 투표날 기적이 일어났다. '어차피 모두 반대할 건데, 나 혼자 찬성해주자'라고 생각해 150명 전원이 찬성표를 준 것이다. 당황한 학교 측은 무효를 선언했으나 결국 법원까지 간 끝에 패소하고 입학을 허가하게 된다. 차별과 왕따 등 부당한 일도 많이 당했지만 엘리자베스 블랙웰은 결국 수석으로 졸업하였으며 세계 최초로 의대를 졸업한 공식 여의사가 되었다.

그녀가 이렇게까지 의사가 되려고 한 것은 절친했던 메리라는 친구 때문이었다. 산부인과 질병에 걸린 메리는 치료만 받으면 살수 있었는데 남자 의사에게 환부를 보여줄 수가 없어서 제대로 치료도 못 받고 죽고 말았다. 사랑하는 친구의 죽음을 통해 여의사의 필요성을 절감하고 사명을 발견한 엘리자베스는 인류 역사의 고정관념을 깨뜨린 최초의 여의사가 되었다.

나의 아픔이 때로는 위대한 사명을 발견하는 통로가 된다. 아픔과 고난이 찾아올 때 하나님의 음성이 가장 확실하게 들리고 정말 소중한 것들과 내가 갈 길이 보이기도 한다. 불 꺼진 극장에서 영화에 집중하게 되듯이, 내 삶이 고난의 광야에 내동댕이쳐져 비참하고 절망으로 캄캄해진 그때 하나님이 가장 잘 보이고 그분의 음성이 가장 잘 들린다. 그러니 아픔과 고난 중에 있다면 그 속에서 사명을 발견하는 자가 되길 바란다.

내가 집회 중 만난 한 의사 선생님은 아들이 어렸을 때 미국으로 조기 유학을 보냈다. 아들이 열심히 공부해서 학위를 따고 20대 후반이 되어 귀국했는데 얼마 되지 않아 갑자기 세상을 떠났다. 아버지로서 의사로서 얼마나 자책과 슬픔이 컸겠는가?

절망하고 인생을 포기하려 하던 그 부부를 만나 상담을 하는데 어떤 말로 위로해야 할지, 어떻게 상담해야 할지 도저히 모르겠고 말문이 막혔다. 어떻게든 위로를 해야 한다는 책임감에 주저리주저리 상담을 이어가는데 문득 '이런 말이 위로가 되겠나?' 싶었다.

솔직히 그렇지 않은가? 한 시간 반을 상담하다가 '아무리 노력한들 나의 이따위 몇 마디 말로는 위로가 안 되겠다'라는 생각이 들어서 상담을 멈추고 두 분에게 물었다.

"위로가 되세요? 하나도 안 되시죠? 제가 생각해도 나 같은 게 뭐라고, 두 분에겐 전혀 위로가 안 될 것 같아요."

그랬더니 두 분이 조용히 고개를 끄덕였다.

"혹시 마음속에 '네가 뭘 아냐? 네가 내 마음을 이 슬픔을 알기나 아냐?' 이런 마음이시지 않나요?"

그 말에 기다렸다는 듯 "네, 맞아요"라는 대답이 돌아왔다. 내가 다시 솔직하게 대화를 이어갔다.

"죄송해요. 저는 어떤 말로도 두 분의 마음을 위로할 수가 없을 것 같아요. 그런데 이제 두 분은 위로할 수 있을 거예요."

"예?"

"누군가 당신과 같은 슬픔을 만나 절망하고 있을 때, 당신과 같은 아픔을 가진 사람들에게 당신이 가서 위로해준다면 그 사람은 위로가 될 것 같아요."

두 분이 눈물을 터뜨리고 소리 내어 한참을 울었다.

"이제부터 신앙생활 잘하시고, 하나님이 주신 위로로 이 슬픔을 잘 이겨내세요. 그리고 이제는 두 분에게 사명이 생긴 것입니다. 앞으로 두 분과 같은 아픔을 가진, 그래서 당신처럼 인생을 포기하려는 사람들을 위로하고 살리십시오. 두 분이 가서 '나도 이렇게 살았으니 너도 살아!' 하고 말해주십시오. 내가 아무리 목사라 해도 위로가 전혀 안 되는 그 사람들을 당신은 살릴 수 있습니다. 하나님께서 그런 사람을 반드시 만나게 해주실 테니, 보란 듯이 먼저 잘 회복하고 일어나서 누군가를 살리는 그런 삶을 살아줬으면 좋겠습니다"라고 말했다.

인생에 찾아온 고난과 아픔 때문에 원망하고 불평하며 스스로 인생을 포기하고 찢고 스스로 삶을 완전히 버리는 사람이 있다. 반면, 그 안에서 사명을 발견해 더 가치 있고 멋진 인생을 사는 사람들도 있다. 오늘 우리에게 찾아온 아픔이 때로는 가장 확실하게 사명을 발견하는 장소일 수도 있다.

당신에게 지금 원치 않는 상황과 고난, 문제와 질병, 실패와 고독이 찾아왔다면 이 아픔과 어려움을 통해 자신의 사명을 발견하여 지금보다 더 가치 있고 의미 있게 살아가기를 소망한다.

주님, 말씀만 하세요

고기 잡아 하루하루를 연명하던 베드로의 이름이 2천 년이 지난 지금, 이렇게 존경받는 존귀한 이름이 됐다. 한낱 무식한 어부가 사명을 붙드니까 완전히 인생의 차원이 달라져서 하나님의 구속 역사뿐만 아니라 일반 역사에도 영향을 미치는 멋진 사람이 됐다. 그런데 사명은 그냥 붙잡을 수 있는 것이 아니다. 테스트가 있었다.

"저 깊은 곳에 그물을 던져라."

그의 상황으로 볼 때나 처지나 환경으로 볼 때, 확률과 가능성으로 볼 때, 관계로 볼 때, 감정으로 볼 때, 이성적, 논리적, 객관적으로 따져볼 때도 이건 말이 안 되는 이야기이다.

베드로는 어부이고 그곳은 베드로의 영역이다. 그는 평생을 그곳에서 먹고 살았기에 지금 어떤 어종이 어디쯤에서 산란하고 먹이 활동하는지 물밑 사정을 환히 꿰뚫고 있었으리라. 그것을 다 알고 자신의 경험과 노하우, 스킬, 테크닉을 총망라해서 밤새도록 안 해본 것 없이, 할 수 있는 모든 노력을 쏟아부었으리라.

그런데도 한 마리도 잡지 못해 실망하고 화가 나서 그물을 정리하고 씻고 있는데 예수님이 오셔서 "저기다 그물을 한번 던져봐라" 말씀하신 것이다. 이것은 경험상 봐도 도무지 말이 안 된다. 그런데 베드로가 그 일을 한다.

"말씀에 의지하여 그물을 내리리이다."

거기서 기적이 시작되고 차원이 다른 진짜 사명자의 인생이 거기서 시작됐다.

사명의 인생은 내가 "사명자로 살래요!"라고 선포한다고 되는 것이 아니다. 발의 신을 벗듯 자기 경험을 내려놓아야 한다. 하나님의 일을 한다면서 맨날 옛날이야기만 하는 사람이 많다.

"옛날엔 내가 이렇게 안 했는데요."

"옛날에 내가 다니던 교회는 이러지 않았는데요."

이삭을 번제로 바치라 하신 하나님의 말씀이 이성적인가? 그 말씀이 지금까지 뵈어온 하나님의 품성에 맞는 이야기인가? 말도 안 되고 이해도 안 되지만 때로 하나님께서는 자아와 이성이 살아 날뛰는 사람들에게 일부러 이런 명령을 하심으로 그 살아있는 자아와 이성을 완전히 깨뜨리신다.

그게 옳아서가 아니다. 하나님은 일부러 자아가 완전히 박살 날 때까지 계속해서 주신다. 그렇기에 우리는 그때 옳고 그름을 따지고 이해와 납득을 요구하며 하나님과 충돌하고 싸우고 맞서는 것이 아니라 한번 눈 감고 받아들이고 순종해야 한다. 깊은 곳에 그물을 던져봐야 한다.

내가 그물을 던질 이유는 아무것도 없다. 딱 하나, 딱 한마디, "말씀에 의지하여"이다. 이 부분을 영어 성경(NIV)은 "Because you say so"(당신이 그렇게 말씀하시니)로 번역하고 있다. 다른 이유 없이 그냥 "Because you say so… 주님이 그렇게 말씀하시니" 이 하나의 이유로 충분히 순종할 수 있는 사람이 진짜 사명자요 사역자의 가장 바른 모델이다.

목사가 정말 되기 싫었지만, 하나님께서 부르실 때 나도 내 나름대로 꿈을 꾸었다. 나는 원래 청소년, 청년 목회를 꿈꾸었다. 나는 청소년, 청년 목회를 정말 잘할 수 있다. 그런데 하나님이 시켜 주지 않으셨다. 내가 만약에 청소년, 청년 사역을 해서 원했던 대로 대학가 근처로 가서 부흥했으면 나는 아마 기고만장하며 내가 무언가 했다고 착각했을 것 같다.

내가 싫어하는 TV 프로그램 중에 〈사랑과 전쟁〉이라는 드라마가 있다. 채널을 돌리다가 이 프로그램의 한 장면만 보여도 짜증이 나서 바로 돌려버린다. 나는 얽히고설킨 복잡한 드라마만 봐도 구역질이 난다. 그러니 내가 가장 자신 없고 힘들어하는 것은 중년 부부들의 갈등과 이혼 문제 상담인데 희한하게도 그 사역에 열매가 있다.

하나님은 나를 전문대학 하나 없는 시골에 보내셔서는 내가 가장 하고 싶어 하고 잘할 것 같은 일을 꺾어버리셨다. 그런데도 내가 할 수 있는 이유는 무엇인가? "Because you say so, 하나님 말씀만 하세요. 저는 100퍼센트 해드립니다" 이것이었다.

내가 순종할 상황도 안 되고 경제 여건도 안 되고 처지와 환경도 안 되지만 딱 하나 'Because you say so', 말씀을 통해 선포하실 때 그 말씀에 나를 맞추는 것, 이것이 목회자의 마인드요 사역자의 마인드이다. 사명은 내가 선포해서가 아니라 내 모든 권리를 하나님께 이양하고 나의 익숙함과 안락함도 포기하고 내 경험도 꺾을 때 시작된다.

순종도 불순종도 버릇되고 습관 된다

하나님 수준의 삶을 살기 원한다면 순종을 막는 이성의 개입과 자아의 벽을 깨고 내 한계를 뛰어넘어야 한다.

벼룩 실험을 아는가? 벼룩은 자기 몸의 100배 이상을 뛴다. 그런데 벼룩을 투명한 유리병에 가둬놓고 뚜껑을 닫으면 벼룩은 뛸 때마다 뚜껑에 부딪히다가 어느 순간 타성에 젖어서 그 이상을 뛰지 못한다. 그래서 나중에 뚜껑을 열어놓아도 절대로 그곳을 탈출하지 못한다. 벼룩의 능력은 훨씬 더 높이 뛸 수 있는데 몇 번 정도만 뚜껑에 부딪히게 해놓으면 그다음부터는 뚜껑을 열어줘도 못 뛴다.

이것이 우리 인생일 수 있다. 환경과 처지에 막혀서 하나님의 말씀을 순종하지 못하거나, 이성의 개입으로 부딪혀 돌아선 적이 한 번씩 있을 것이다. 그러다 보면 어느새 불순종이 습관 된다. 영적인 패배도 버릇이 된다. 그래서 패배하는 교회는 계속 패배한다. 패배의 습관이 들여진 것이다. 성도들도 마찬가지이다. 불순종도 버릇이고 패배도 습관이다. 반대로 말하면 순종도 버릇이고, 승리도 습관 된다. 굉장히 중요한 신앙의 법칙이다.

한 번 이성의 병뚜껑에 막히고 상황의 병뚜껑에 막혀서 포기하면, 오늘도 내 처지와 형편과 가능성과 확률과 통계와 상황과 감정과 관계에 부딪혀 포기하면 나중에도 계속 불순종과 영적 패배를 답습하게 된다. 상황과 처지가 순종할만하고 능력과 형편이 감당할 만한데도 계속 불순종과 영적 패배을 반복한다. 부흥과 축복의 기회를 줘도 자기가 알아서 포기하고 거절한다. 이것은 정말 무서운 것이다. 상황과 형편과 처지와 관계와 감정과 가능성, 확률, 통계 따위가 앞에서 나를 가로막아도 이제 뛰어올라야 한다.

아무리 뚜껑을 열어도 자신은 절대로 바깥세상에 못 나가는 줄 알고 안 뛰어나가는 벼룩을 탈출시킬 방법이 하나 있다. 벼룩이 들어 있는 병을 밑에서 가열하면 벼룩은 뜨거워서 할 수 없이 뛴다. 이것이 고난이다. 고난이 있어야 할 수 없이 뛴다. 뜨거워 죽을 것 같아서 뛴다. 고난이 곧 사명인 이유가 바로 이것이다.

결론은 나처럼 되지 말라는 것이다. 고난을 통해 깨어지고 박살 나기 전에 하나님께서 주신 사명의 길을 분별하고 하루라도 빨리 순종하고 찾아왔으면 얼마나 좋았겠는가?

그래도 내가 아무것도 아님을 인정하는 순간, 내 노력과 재능과 성실을 뛰어넘는 놀라운 하나님 수준의 인생이 시작되었다. 하나님의 사명을 붙들고 순종하니, 처지와 환경만 가로막히면 아무것도 못 하는 벼룩 같은 내 수준의 삶이 하나님 수준의 삶을 살게 되었다.

지금도 나의 목회에는 내가 무엇을 악착같이 계획하고 해내려는 노력이 없다. 하나님께서 시키시는 대로 그냥 물 흘러가듯 산다. 하나님께서 말씀하시고 감동 주시면 그냥 하면 된다. 나 스스로 부흥사 되려고 노력한 적도 없고, 집회 나가려고 애쓴 적도 없고,

해외집회 연결하려고 힘쓴 적도 없다. 그런데 하나님께서 하라시는 대로 하다 보니 이런 행복하고 존귀한 삶을 산다. 이 얼마나 멋진 일인가?

사명을 붙들면 주가 일하신다

미국은 군인에 대한 존경심이 아주 크다고 한다. 군인이 되어 나라를 지키는 그 희생에 대해 크게 예우를 하며 국가가 그의 모든 것을 책임진다.

미국에는 군대에 자원하는 사람들이 많다. 입대하면 학비가 공짜여서 거기서 기술도 배우고 학위도 따며, 연금으로 노후가 보장된다. 그래서 미군은 모병하는 게 힘들지 않고 오히려 경쟁이 치열하다. 나라를 지키는 군인으로서 국가를 신뢰하고 국가에서 받을 혜택과 국가가 확실히 책임질 것을 믿으니 입대를 자원하는 것이다.

미군에 입대하면서 '나 머리 깎는 게 너무 힘든데, 나 컬러풀한 옷이 좋은데 저 쑥색 옷을 입어야 하다니' 이러면서 힘들어하고 그런 것 때문에 군대 못 가는 사람은 없다. 그 이후에 제공될 국가의 책임과 혜택이 더 막강하니 머리를 깎더라도 쑥색 옷을 입더라도 훈련이 혹독하더라도 자원하여 즐겁게 들어간다.

하물며 하나님의 사람들이 하나님의 일을 하는데 하나님께서 가만히 계시겠는가? 하나님의 군대는 하나님이 책임지신다. 여호수아서 1장에 하나님께서 "강하고 담대하라 두려워하지 말고 놀라지 말라"라고 계속 반복해서 말씀하시는 이유가 무엇인가? 답답해서 그렇다. 두려워 떠는 여호수아에게 "내가 네게 명한 것이 아니냐"(수 1:9) 하신다. 이게 핵심이다.

"너 지금 가나안을 정복하러 가는 것, 여리고를 정복하러 이 요단강을 건너는 게 네 야망이냐? 네가 하고 싶어서 하는 거냐?"

"아니요."

"내가 네게 시킨 일 아니냐. 내가 시킨 일 하고 내가 준 사명 이루러 가는데 네가 무슨 걱정이냐? 내가 책임질 텐데. 그러니 강하고 담대하라."

내가 풀 서비스로 책임지니 두려워할 것도 놀랄 것도 없다는 것이다. 신앙과 믿음은 무조건 담대한 게 아니다. 교회에 나온다고 다 담대한 게 아니다. 두려워 떨어야 할 사람들도 많다. 하나님의 뜻과 역사를 이루고 하나님의 사명대로 살아가지 않을 것이라면 두려워 떨어야 한다. 자기 유익을 위해서 연명하며 살아가는 사람, 하나님의 뜻을 두고도 자기 뜻대로 살아가는 사람은 벌벌 떨고 두려워해야 한다.

하지만 하나님의 뜻을 따르고 하나님의 말씀대로 순종하고 하나님이 명하신 그 길로 헌신하여 가고자 한다면 두려워하지 말라. 놀라지 말라. 강하고 담대하라. 당신을 능히 대적할 자가 없고 상황과 처지가 당신을 흔들지 못할 것이며 당신이 발바닥으로 밟는 모든 땅이 승리의 땅 되어 당신의 것 될 터이니.

그걸 믿고 당당하고 담대한 것이 진짜 믿음이요 진짜 신앙이다. 이 믿음이 없으면 목사도 교회도 벌벌 떤다. 하나님께서 시키신 일을 하러 가는데 선교가 무엇이 두렵고 건축이 왜 두렵겠는가? 하나님의 뜻인지 아닌지 모르는 것이 진짜 두려운 것이지, 하나님의 뜻이 분명하면 두려울 게 없다. 오히려 하나님 뜻대로 사는 순종이 가장 쉬운 것이다. 하나님의 뜻이 분명하다면 그 순종의 자리로 가고 헌신의 자리로 가야 한다.

이성과 경험 따위가 하나님의 역사를 비방하고 깨뜨리려는 시도가 종종 있다. 교회에서도 그런 시도가 여러 번 있었다. 그럴 때마다 하나님은 종종 미천하고 미약하나 하나님밖에 모르는 무모한 자들을 불러 그 이성과 경험과 시대의 스펙의 코를 납작하게 만드신다.

백여 년 전에 유명한 수학자 뉴컴(Simon Newcomb) 교수가 '인간이 하늘을 날 수 없는 이유'라는 제하의 아주 유명한 논문 하나를 썼다. 지금은 말도 안 되는 이야기지만, 당시에 뉴컴 교수는 자신의 모든 과학적 근거와 수학적 근거로 절대로 인간은 하늘을 날 수 없다는 결론의 논문을 쓴 것이다.

그 시대에는 모든 사람의 공감과 동의를 얻고 인정받았던 논문인데 1903년 12월 27일, 그의 이성과 경험과 자존심을 박살 내는 사건이 생겼다. 중학교밖에 못 나온 라이트 형제(Wright brothers)

가 키티호크 언덕을 뛰어올라 인류 최초로 하늘을 난 것이다.

시대 역사를 써내려 가는 사람은 이성과 지식과 경험의 스펙이 풍부한 사람이 아니라 뜨거운 심장을 가지고 하나님의 말씀이라면 죽음도 불사하고 거룩한 순종의 모험이라는 언덕을 뛰어오를 수 있는 사람이다. 그런 사람을 하나님이 쓰신다.

이제 우리가 예전에 지나보지 못했던 그 축복의 길을 걸어가기로 다짐하자. 내 이성과 경험이 내 삶의 주인이 되지 않고 하나님의 뜻과 목적대로 나에게 주신 사명의 삶을 살려 할 때, 그때부터는 내가 하는 것이 아니다. 하나님께서 개입하시고 책임져 주신다. 나를 통해 일하기 원하시지만, 그 일을 이끄는 진정한 주체는 하나님이시다. 주께서 일하심을 신뢰하라.

chapter 8
혹독하지만 복된 광야의 시간

내가 해줄 수 있는 것은 이것뿐이다

창립예배를 드린 후 처음 교회를 둘러보신 아버지의 눈길이 아래쪽으로 향하더니 내 발 쪽을 물끄러미 보고 계시는 것이 아닌가. 내 헌 구두를 보신 모양이다. 교회를 짓느라 내 신발은 다 해어지고 떨어져 있었다. 밑창은 닳고 구두 옆은 구멍이 나서 물이 줄줄 샜다. 구두 한 켤레 살 돈도 내겐 사치였다.

"신발이 많이 헐었네? 신발 사러 가자!"

"고맙습니다, 아버지."

그 길로 아버지는 나를 데리고 시내로 나가시더니 구두 한 켤레를 사주시고는 이렇게 말씀하셨다.

"아들아, 내가 너에게 해줄 수 있는 것은 이것뿐이다. 이제 모든 필요를 하나님께 구하고 받아라!"

"이제 너는 내 아들이 아니라 하나님의 종이다!"

그때 받은 구두 한 컬레를 품고 펑펑 울었다. 약간은 서운하고 그런 아버지가 매정해 보이기도 했지만, 아버지의 말씀이 옳다. 주의 종은 주인께서 공급해주시는 것으로만 살아야 한다. 그것이 아버지의 목회를 통해 내가 배운 교훈이자 내 목회 가운데 지켜나가야 할 원칙이다. 또한 내 자녀 중 대를 이어 3대째 목회자가 나온다면 반드시 물려주어야 할 유산이다.

나는 어디를 찾아가 도움을 구하거나 후원 헌금을 요청하는 리스트를 만들어 순례하지도 않았다. 그저 전폭적인 하나님의 도움만을 기다렸다. 5만 번 기도 응답을 받았다는 조지 뮬러처럼 인간적인 방법을 쓰지 않고, 하나님만 의지하며 그 도우심의 손길을 기다리는 인내를 조금씩 키워갔다.

'내 이 신발이 닳아 없어질 때까지 전도하고 기도하며 이 교회를 채우리라!'

미국의 대각성 운동을 일으켰던 조지 횟필드(George Whitefield)는 '녹슬어 없어지기보다는 닳아 없어지기를' 소원하며 쓰임 받기를 기도했다고 하지 않는가?

하룻강아지 범 무서운 줄 모르던 시절이었다. 목회를 오래 하신 선배 목사님들이 "아무것도 모를 때 개척을 하는 거지, 이것저것 다 알고 재고 나면 평생 개척 못 한다"라고 하신 말씀이 이제는 이해가 간다. 지금 또 하라면 할 수 있을까? 할 수는 있을 것 같다. 하지만 광야 4년을 생각하면 멈칫하게 되기도 한다.

하나님의 공급으로만 배를 채우겠나이다

사람들은 내가 원래 성격이 도전적이고 독립적인 의지가 강한 사람이라고 생각하지만 실은 정반대이다. 나는 유약하기 짝이 없고 변화를 싫어하며 남에게 쉽게 의지하는 의존적인 성향이다. 그래서 더욱 나를 강하게 채찍질하여 그렇게 살지 못하도록 나를 스스로 통제하는 것이 훈련돼왔다.

목회는 더욱 그렇다. 한 번 사람의 손을 타면(?) 계속해서 사람을 의지하며 도움의 손길을 기대하기 마련이다. 힘들고 어려울 때 하나님만 바라봐야 하는데 구질구질하게 사람 바라보고, 상황과 처지가 급박할수록 기도줄을 붙잡아야 하는데 전화통 붙들고 사람에게 도움을 청할 것이 두려웠다.

아버지의 목회 40년을 지켜보면서 확실하게 배운 한 가지는 '사람의 끝은 하나님의 시작'이라는 것이다. 나는 인간적인 것은 모두 끊어지기를 바랐다. 그러자면 영적 배수진이 필요했다. 나는 약속은 잘 지키는 사람이었기에 하나님께 약속을 해버렸다.

"하나님, 저는 하나님의 종이 되었습니다. 이제 하나님께서 보내 주시는 양의 젖으로만 내 배를 채우겠나이다. 하나님께서 보내신 성도들의 공궤와 섬김이 아닌 다른 인간적 도움은 10원도 받지 않겠습니다. 성도가 없어 쌀이 떨어지면 굶고, 그 시간이 길어지면 그냥 굶어 죽어 순교하겠습니다."

말이 멋있지 개척을 시작하고 이 약속을 기도로 드린 2004년 1

월 1일부터 나는 굶기를 밥 먹듯 해야 했다.

가족들의 도움도 받지 않았다. 하나님께서 역사하셔서 우리 누나와 여동생도 참 잘 되었는데 그 둘의 십일조만 받아도 충분히 자립할 수 있었지만, 그들이 십일조나 다른 헌금을 보내도 "섬기는 교회, 은혜받고 있는 교회, 나를 양육해주는 교회에 드리는 것이 맞다" 하고 돌려보냈다.

지금도 목회 중에 종종 성도들이 자신의 십일조를 어려운 교회나 선교단체에 보낸다고 할 때 나는 그것은 옳지 않다고 가르친다. 십일조는 내 것이 아니라 하나님의 것이다. 하나님의 것을 가지고 내가 용처를 정하는 것은 옳지 않다. 마치 세입자가 집주인에게 월세를 주면서 이것은 어디 어디에 쓰라고 요구하는 것과 같다.

그리고 작은 교회나 선교단체를 도와주더라도 교회를 통해서 질서 있게 돕는 것이 옳다. 그렇지 않으면 내가 돕는 그 사역자에게 오히려 독이 될 수 있다. 경제적으로는 조금 편할 수 있으나 하나님보다 사람을 더 의지하게 만들어 더 큰 하나님의 역사가 떠나갈 수도 있기 때문이다. 그것이 정말 무서운 것이다.

6년 넘도록 가족들과도 교류를 거의 끊고 내 목회 현장에 내려오지 못하게 했다. 내가 굶는 모습을 보여주기 싫어서였다. 어차피 도움도 받지 않을 건데, 도와주지도 못하면서 밥을 굶고 있는 내 모습을 보면 가족들의 마음이 나보다 더 힘들 것 같아서였다.

나 혼자는 그럭저럭 살만했다. 주방시설도 없이, 있는 조리기구라고는 전기밥솥과 전자레인지가 전부였다. 대부분의 끼니는 거의 맨밥에 간장, 고추장을 비벼 먹거나 라면으로 때웠다.

사람이 그리운 개척교회

"개척 후 문을 열었더니 낭떠러지더라"라는 수많은 개척교회 목사님들의 간증이 내게도 실감 되었다. 턱밑까지 고난이 차올랐다. 하지만 텅텅 빈 예배당을 보면서도 교회에서 열심히 기도했다. 이제 교회를 개척했으니 수많은 성도로 가득 차는 모습을 그리며 기도했다. 설교 준비도 열심히 했다. 목사로서 할 수 있는 최상의 헌신을 다했다.

하지만 시간이 가도 개미 새끼 한 마리조차 보이지 않았다. 사람이 너무도 그리웠다. 중동 지역에 흩어져 사는 유목민 베두인(Bedouin)들은 사람을 보면 인사만 한 시간 넘게 한다고 하지 않는가? 대접이 융숭함은 두말할 것도 없다. 얼마나 사람이 그리우면 그러겠는가?

외딴 산골짜기 같은 시골에 덩그러니 교회당만 짓고는 사람을 기다리니 더욱 사람이 고팠다. 강대상에서 내려다보면 보이는 저 문, 저 문이 열려 사람이 들어오기만을 기다렸다. 원래 개척교회 문은 철옹성처럼 잘 열리지 않는다. 더욱이 성도도 한 명 없이 총각 전도사가 시무하는 개척교회는 더 그렇다.

일찍이 생개척을 하신 선배 목사님들의 말씀이 기억난다. 예배를 드리려는데 사람이 없으니까 궁여지책으로 쌀가마니에 달력을 붙이고 거기다가 사람 모양을 그려 놓고 설교를 했다는 전설 같은 이야기. 정말 전설 같던 그 이야기가 내 처지가 될 줄이야! 막상 내가 이러한 상황에 놓이자 달력에 사람 모양을 그려서라도 설교해야 할 판이었다.

예배 시간이 돌아오면 설교 준비는 많이 했는데 사람이 없었다. 예배학적으로는 예배 시간이 되었으니 설교를 해야 맞는데, 설교학적으로 고찰해보면 설교 대상이 없는데 설교하는 건 아닌 것 같기도 하고 헷갈리는 순간이 많았다.

'이럴 줄 알았으면 장가라도 가고 개척하는 건데 나는 총각이라 그 흔한(?) 집사람도 없다니….'

술주정뱅이도 반갑더라

그러던 어느 날 새벽이었다. 드디어 교회당 문이 열리고 매우 조심스럽게 한 남자가 들어왔다. 그는 술에 취해 길을 잃고 교회가 자기 집인 줄 알고 들어온 사람이었다. 와서 신발도 벗고 양말도 벗고 장의자에 드러눕더니 나를 자기 아내로 착각했는지 나보고 물 가져오라고 소리를 질렀다.

그러나 사람이 너무도 그립던 내게 그의 상태는 그리 중요하지 않았다. 산모가 아기에게 젖을 못 먹이면 젖이 퉁퉁 불어 터지는 것처럼 내 심령도 마찬가지였다. 그가 술에 취했건 실수로 잘못 찾아왔건, 나는 그동안 준비했던 설교를 이참에 다 해야겠다 싶었다.

"교회에 잘 오셨습니다. 교회는 마음대로 들어올 수는 있어도 목사가 허락하기 전까지는 마음대로 나갈 수 없는 곳입니다. 알겠어요?"

"??? &%#%*$%@% ??"

비몽사몽 취기에 잠기운까지 더해 그냥 쓰러질 듯 교회에 조심스럽게 앉은 그에게 그동안 준비했던 설교를 쏟아내기 시작했다. 무슨 마음으로 그렇게 했는지 모르겠다. 설교해야겠다는 집념이 쌓여서 그날 완전히 다 쏟아버린 듯싶다.

너무 신이 났다. 마치 사랑에 빠진 사람이 자기 연인 이야기를 하며 행복에 취하듯 한 시간, 두 시간, 세 시간이 넘어가도록 예배는 끝나지 않았다. 술에 잔뜩 취했던 이 사람도 차츰 정신이 돌아오기 시작했다.

퉁퉁 불었던 설교는 네 시간이 넘도록 끝도 없이 계속되었다. 그러는 동안 이 사람은 술이 깨고 정신이 완전히 돌아왔다. 가끔씩 고개를 끄덕거리기도 하고 한동안 나를 빤히 쳐다보기도 하던 그의 눈에서 눈물이 흐르기 시작했다. 그러더니 엉엉 울면서 간절히 말했다.

"목사님, 저 이제 제정신으로 아내한테 잘하면서 살겠습니다. 술 끊고 다시는 안 먹을게요. 그러니 제발 집에만 보내주세요! 엉엉!"

나도 그때야 제정신이 돌아온 듯하다. 더 이상 할 설교도 없었다. 그 사람을 돌려보내고 나니 아침은 이미 훤히 밝아 있었다. 빈 예배당에 한 사람, 그것도 만취에 들어왔던 그 한 사람도 어찌 반가웠던지 그날은 쉽게 못 잊을 듯싶다.

사기꾼에게 속아주다

어느 날은 아무도 없는 교회에서 잠시 외출했다가 돌아왔는데 교회 안에 인기척이 느껴지는 것이 아닌가? 얼마나 흥분했던지 한 걸음에 달려 들어갔는데 누가 기타를 치고 있었다.

"어두운 밤에 캄캄한 밤에

새벽을 찾아 떠난다

… 오 주여 당신께 감사합니다

실로암 내게 주심을~"

〈실로암〉을 트로트 창법으로 부르고 있던 낯선 남자는 나를 보더니 "할렐루야! 담임 목사님이십니까?" 하고 물었다.

"네, 목사는 아니고 담임 전도사입니다."

"오, 할렐루야~! 저는 오래전 하나님 아버지를 떠나 방황하다가 우연히 이 동네를 지나다 문이 열려 있던 이 교회로 끌리듯 들어왔는데 오랜만에 찬양을 부르다 보니 다시 아버지의 품으로 돌아와야겠다는 마음이 들어서 이제 이 교회에 이번 주일부터 등록하고 싶습니다."

'할렐루야, 이게 무슨 횡재인가? 드디어 나에게도 성도가 생기는 것인가?'

감격에 젖는 것도 잠시, 내 기대를 무너뜨리며 그는 말을 이어갔다.

"이 교회에 등록하고 이곳에 정착하여 살려면 일단 춘천에 있는 집에 가서 짐을 챙겨 와야 하는데 차비가 없네요. 전도사님, 차비 좀 빌려주시면 안 될까요? 제가 얼른 다녀와서 열심히 신앙생활 하겠습니다."

그러면 그렇지, 100퍼센트 사기꾼이다. 내가 어려서부터 눈치가 9단이다. 그런데 놀라운 것은 이 사람이 사기꾼인 게 누가 봐도 뻔한데도 혹시, 정말 혹시라도 그 사람이 정말 돌아와서 우리 교회 성도가 되지 않을까 하는 기대가 그 판단을 앞질렀다.

그 실낱같은 기대로 나는 주머니를 탈탈 털어 피 같은 돈 몇만 원을 그에게 건네며 울먹이며 말했다.

"정말 꼭 오셔야 돼요. 꼭이요."

당연히 그 이후로 그 사람을 다시는 만날 수 없었다.

전국으로 집회를 다니다 보니 전국에서 이 사람에게 사기당한 이야기를 들을 수 있었다. 모두 한 사람 한 영혼에 목말라 하는 개척교회 미자립교회들이 피해자였다. 이 글을 읽는 개척교회와 미자립교회 목사님들이여, '실로암 부르는 사내'를 조심하라!

   개척교회 목사의 심정을 그 누가 알까? 그렇게 교회 예배당의 문은 좀처럼 열리지 않았지만 가끔 문이 열릴 때가 있었다. 주일날 길을 잘못 들어 예배 시간을 놓쳐 헤매다가 우리 교회에 들어오는 분들이 있었다. 혹시라도 어쩌다가 예배 중에 교회 문이 열리면 그건 그냥 섀시문이 아니라 천국문이 열리는 것 같고, 사람이 들어오는 게 아니라 하나님이 현현하신 것처럼 반갑다.

   문을 열자마자 성도가 단 한 명도 없는 개척교회인 것을 보고는 소스라치게 놀라 문을 닫고 그냥 도망가는 사람도 있었다. 하지만 하나님께서 은혜를 부어주기 시작하셨다. 열정적인 설교와 예배는 한번 찾은 성도들의 마음을 붙잡았다. 그후 하나님께서 한 가정 한 가정씩 사람들을 우리 교회로 보내주기 시작하셨다.

하나님이 맺어주신 평생의 배필

개척을 하긴 했는데 사모가 필요(?)했다. 순복음교단은 목사 안수를 받으려면 결혼을 꼭 해야 했다. 목사가 되기 위해서는 결혼을 해야 했고, 결혼하기 위해서는 여자를 먼저 만나야 했다. 하지만 아무나 만날 수는 없었다. 꼭 사모를 할 수 있는 여자를 찾아야 했다.

그러나 사모를 하겠다는 자매를 찾기가 생각보다 어려웠다. 게다가 생개척하여 미래가 무한한 가능성으로 활짝 열린(?) 목사에게 흔쾌히 시집오겠다는 현숙한 여인을 찾기란 더욱 쉽지 않았다. 그렇게 기도로 짝을 찾던 중 부산에 예쁘고 참한 자매가 있다는 한 집사님의 소개로 무작정 달려가서 첫 선을 보게 되었다.

뼛속까지(?) 로맨티스트인 나는 영화 같은 운명적 만남을 꿈꾸며 대학 시절부터 미팅, 소개팅 같은 인위적인 만남을 거부한 채 그때까지 신념을 지키며 살아왔다. 하지만 목사안수 받고 싶은 일념에 어릴 적부터 품어온 사랑의 신념을 던져버리고 선이라는 촌스러운 자리에 나간 것이다. 개척한 지 몇 달 후, 내 생애 첫 번째 선이자 마지막 선을 그렇게 보게 되었다.

해운대 백사장 앞 2층, 늘 사람들이 분비는 유명한 커피숍에서 만나기로 하고 가는 길이었다. 주머니에 전 재산이라고는 16,000원뿐인데 이것으로 어떻게 데이트를 하고 어떻게 여자의 마음을 얻겠는가? 가는 내내 염려가 되고 나 자신이 너무 초라했다.

'안 되겠다. 그냥 내 방식대로 나쁜 남자 스타일로 가자.'

커피숍 문을 열고 들어가 기웃거리자 나를 알아본 자매가 먼저 일어나 아는 척을 했다.

"혹시 안 전도사님이세요?"

나는 테이블로 다가가 다짜고짜 그녀에게 말했다.

"첫 만남이니 우리 먼저 기도로 시작합시다."

그리고 소리 내어 기도했다.

"하나님, 시간 낭비 말게 하옵소서. 주님 위해 일하려고 개척한 것 아시오니 열정 낭비 말게 하옵시고 만약 이 여자가 내 배필이라면 그녀가 그냥 이유 없이, 그리고 나의 지금 상황에 상관없이 나한테 사랑에 빠져 좋아 죽게 하옵소서."

짧지만 굵게 그렇게 기도하고는 "오늘은 이렇게 헤어지고 자매님도 기도해보시고 다시 연락합시다" 자리를 박차고 박력 있게 커피숍을 나왔다. 시간도 없었고, 밀고 당길 여유도 없었다. 오직 나는 사모가 필요했다.

멀리 간 보람이 있었다. 고신측 장로교단에서 신앙 양육 잘 받은 믿음 좋고 참한 피아노 반주자 자매였는데, 짧은 시간이었지만 나는 그날 그녀의 현숙함을 느낄 수 있었다. 하지만 내 감정과 느낌으로 내 평생 배필과 사모감을 정할 수는 없었기에 헤어지고 나서 일주일간 금식하며 기도했다.

일주일 금식이 끝나고 밤 9시가 조금 넘은 시간이었다. 갑자기 눈물이 쏟아지기 시작했다. 이유를 알 수가 없었다.

'왜 갑자기 자꾸 눈물이 나지? 뭐 슬픈 일이 있었나? 왜 이러지, 내가?'

그러고는 전혀 생각하지도 않은 찬양이 터지기 시작했다.

"하나님께서는 우리의 만남을 계획해 놓으셨네

우린 하나 되어 어디든 가리라

주 위해서라면 무엇이든 하리라 당신과 함께

우리는 하나 되어 함께 걷네 하늘 아버지 사랑 안에서

우리는 기다리며 기도하네 우리의 삶에 사랑 넘치도록"

이것은 하나님께서 내게 짝지어 주신 배필이라는 응답이 분명했다. 하지만 나만의 확신만으로는 확정할 수가 없었다. 정말 하나님께서 짝지어 주신 배필이라면 그녀에게도 동일한 응답을 주셨을 것이라는 생각이 들었다.

마음을 진정시키고 한 시간쯤 지나서 10시쯤 그녀에게 전화를 걸었다. 참으로 신기한 일이었다. 그녀도 갑자기 한 시간 전부터 이유 없이 눈물이 쏟아지면서 찬양이 터져 나왔다고 했다.

"기도하는데 갑자기 눈물이 막 쏟아졌어요. 전도사님도 그래요?"

"예, 그리고 '하나님께서는 우리의 만남을 계획해 놓으셨네'라는 찬양이 계속 나와요."

"저도 '사랑의 주님이 날 사랑하시네' 찬양이 막 나와요."

"사랑의 주님이 날 사랑하시네

내 모습 이대로 받으셨네

사랑의 주님이 날 사랑하듯이

나도 너를 사랑하며 섬기리"

'됐다!'

하나님께서 드디어 짝을 만나게 하셨다. 일사천리 결혼식을 준비했다. 장인·장모님께는 일생토록 변함없이 아끼고 사랑하겠다고 말씀드렸다. 비가 쏟아붓듯 퍼붓는 토요일 오후, 첫 만남 이후 한 달 반 만에 우리는 내가 개척한 울산온양순복음교회에서 결혼식을 올렸다.

모든 것이 생략됐다. 예복, 예단, 앨범 촬영, 심지어 신혼여행도 생략했다. 커플링 하나를 맞춰 꼈고(그나마 그 커플링도 바로 팔아서 개척교회의 어려운 살림에 보태야 했다), 사진관에 가서 옷 빌려 입고 결혼사진을 찍어 액자로 걸어 놓은 게 전부였다. 정말 사실이다. 신랑감으로는 빵점짜리였다. 요즘 세상에 이렇게 결혼하자고 하면 하겠다는 여자가 있을까? 하나님께서 짝지어 주신 짝이 아니라면 절대 불가능했을 것이다.

토요일에 결혼해서 바로 다음 날 주일을 준비하느라 정신이 없었다. 그 주일날 했던 설교 제목이 아직도 잊히지 않는다.

'우리는 그리스도의 편지입니다'

우리는 누군가의 편지가 되어 세상을 살아가고 있다. 누군가가 나의 모습을 바라보면서 기대하고 응원하고 축복할 수 있고 반대할 수도 있다. 우리는 그리스도의 아름다운 편지가 되어야 한다.

그렇게 주일예배가 모두 끝나고 나서야 신혼여행을 떠날 수 있었다. 신혼여행이라고 해봐야 근처 바닷가에 가서 바람 쐬고 돌아온 게 전부였다. 그날 5분 거리의 신혼여행(?)에서 돌아오는 길에 아내에게 약속했다.

"지금은 이렇게 초라하게 시작하지만, 우리가 없어서 못 하는 게 아니라 하나님께 먼저 다 드리고 안 하는 거니 너무 서운해 말아요. 그리고 나중에 하나님께서 엄청난 축복을 주실 것이니 그때 내가 비행기도 실컷 태워주고 여행도 많이 다닙시다."

믿음이 없는 아내를 만났다면 평생 바가지 긁힐 일이지만, 희한하게도 아내도 사모 체질인 것 같다. 불평 없이 견디어준 아내가 고마울 따름이다. 나도 처음 그 약속을 지켜서 비행기 한번 안 타보고 나에게 시집온 내 아내에게 수십 번 비행기를 태워줬고 지금도 매년 그렇게 하고 있다.

광야의 훈련과 동행

까마귀의 공급

결혼하고 사례비를 한 달에 30-40만 원씩 받았다. 이것저것 헌금을 하고 나면 생활비로는 턱도 없이 모자랐다. 하지만 오로지 주님만을 바라보고 믿음으로 살았다. 굶어 죽을 즈음에는 어김없이 까마귀가 날아와 일용할 양식을 주고는 사라졌다.

쌀이 떨어져 걱정하면 교회 뒤편 성미(誠米) 항아리에 쌀 한 줌이 들어와 있었다. 어떤 때는 벌레와 돌이 함께 뒤섞인 쌀일 때도 있었지만 그것도 감사했다.

가진 게 없으니 먹고 싶은 것도 참 많았다. 지금은 아무것도 아닌 스팸이나 참치통조림이 얼마나 먹고 싶던지…. 그런데 맨밥에 물 말아 먹으며 "참치통조림 먹고 싶다", "스팸이 먹고 싶다" 하면 꼭 누가 듣고 있는 것처럼 교회나 사택 문 앞에 참치통조림 몇 개, 스팸 몇 개가 놓여 있는 것이었다.

수박, 풋내나는 열무김치, 삼겹살부터 다달이 돌아오는 대출금 이자 혹은 공과금까지 구체적인 바람과 필요를 너무나도 정확하게 채우고 공급하시는 손길들 때문에 '혹시 내 말을 누가 듣고 있거나 누가 나를 뒤에서 따라다니며 보고 있는 건 아닐까?' 너무 신기해서 주변을 두리번거릴 때가 한두 번이 아니었다.

아내는 먹는 것을 좋아한다. 처음 만나 결혼을 약속할 때도 개척교회 전도사인 나에게 진지하게, 아주 진지하게 몇 번이고 되물었던 질문이 있다.

"저는 대학 다닐 때부터 친구들이 이해가 안 되었던 게 밥을 굶어가며 용돈을 모아 옷을 사고 핸드백을 사는 것이었어요. 저는 옷은 얻어 입어도 상관없는데 먹고 싶은 것을 못 먹거나 배고픈 것은 참을 수가 없어요. 저 배는 부르게 해주실 수 있죠?"

나는 자신 있게 대답했다.

"그럼요. 걱정하지 마요. 요즘 목회나 개척은 예전하곤 달라요. 염려하지 마세요."

하지만 실은 그 대답에 자신이 없었다. 지금 나도 밥을 굶고 있는 처지였다. 하지만 그렇게 말하지 않으면 이 여자가 도망쳐 버릴지도 모른다는 두려움에 큰소리 뻥뻥 치며 정말 뻥(?)을 친 것이다.

그 약속은 결혼하고 몇 주도 지나지 않아서 못 지키게 되었다. 몇 끼를 굶자 그 천사 같고 '화'라는 것은 알지도 못할 것 같던 집사람의 눈은 도끼 눈이 되었고, 나는 여자가 이렇게 무서울 수 있다는 것을 알게 되었다.

"배는 부르게 해준다더니 어떻게 이럴 수가 있어요. 흑, 흑…"

"미안해, 여보. 조금만 참자. 흑, 흑…"

나는 이 말 외엔 아내에게 해줄 수 있는 것이 없었다.

그런데 하나님께서 나의 약속을 대신 지켜주셨다. 그녀의 배가 4년 동안 꺼지지 않게 다른 방법으로 항상 부르게 해주신 것이다. 사르밧 과부의 기적같이, 오병이어의 기적같이 그렇게 3남매가 태어났다.

고난의 양념, 만 원의 행복

그런 배부르지만 배고픈 만삭의 아내가 많이 힘들어했다. 임신 중에 먹고 싶은 것도 얼마나 많았을까? 하지만 제대로 과일 한 번

사준 적이 없었다.

가을철이었다. 아내는 입덧이 심해 음식을 잘 먹지 못했는데, 딱히 입맛에 맞는 먹을거리 하나 사다 주지 못했다. 그러던 어느 날, 집으로 돌아오는 길에 풋사과를 가득 채운 리어카를 보았다.

'살까 말까? 살까 말까? 관둘까? 아니야, 양이 많잖아. 기회가 또 오겠어?'

수십 번 속으로 고민하다가 큰맘 먹고 3800원에 사과를 샀다. 그것도 그야말로 풋사과, 덜 익어서 맛도 없는 사과였지만 아내는 감사하며 맛있게 먹었다.

동네 구멍가게에서 함께 운영하던 동큐치킨도 생각난다. 그냥 작은 구멍가게, 동네 마트인데 한구석에서 치킨도 함께 팔았다. 거기에는 만 원짜리 피자와 치킨 세트가 있었다. 이 가격에 피자와 치킨을 함께 먹을 수 있다니! 그것은 가히 복음에 근접한 기쁜 소식이었다. 맛과 질은 떨어지지만 구색은 갖춘 그 만 원의 행복 세트가 그 시절 우리에게는 가장 사치스러운 외식이었다.

신대원 다니던 시절, 임신한 아내가 볼일이 있어 서울에 왔다가 함께 심야버스를 타고 울산으로 내려간 적이 있다. 버스가 금강 휴게소에 들렀을 때 아내는 무언가에 홀린 듯 우동 판매대 앞에 침을 흘리며 서 있었다. 나는 주머니를 탈탈 털어 우동 한 그릇을 샀다.

그 한 그릇으로 우리는 서로 양보하며 정말 감격스럽게 우동을 흡입했다. 그때 금강 휴게소에서는 단무지를 셀프로 갖다 먹을 수 있었는데 우동의 모자람을 단무지로 때우며 단무지를 한 오십 개는 먹은 것 같다. 정말 그때 먹은 우동 맛은 잊으려야 잊을 수가 없다.

얼마 전 청주 부모님 댁에 다녀오다 일부러 금강 휴게소에 들렀다. 그때를 추억하며 우동을 두 개 시켜서 아내와 먹는데 맛이 없어서 거의 다 남기고 왔다. 고난의 양념이 없으니 무얼 먹어도 맛이 없었다. 오늘 고생하고 부족함 속에 있다면 즐겁게 누리시라! 언젠가는 그 고난의 양념이 그리워질 테니까….

순산 못 하게 하셨으니 책임지시옵소서

하나님께서 첫아들을 주셔서 이름을 드레라고 지었다. 그러니까 안드레가 되었다. 짐작하셨겠지만 원래 베드로 동생이 안드레 아닌가? 열두 사도 중 한 사람인 안드레의 이름을 따서 아들 이름을 지은 것이다. 지금 생각해도 딱 맞아떨어지는 이름이다.

그때도 여전히 한 달 생활비는 30만 원이었다. 그래서 아내가 첫아이 드레를 임신하여 만삭이 되어갈 때 더욱 간절히 기도했다.

'하나님, 순산하게 해주세요. 제왕절개를 하면 저희 형편에 도저히 안 됩니다.'

출산을 위해 아끼고 또 아껴 돈을 모아 놓았다. 자연 분만으로 순산할 경우 경우 30만 원 정도면 충분하다고 했다. 하지만 출산 중에 문제가 생겼다. 응급으로 제왕절개를 해야 한다고 의사가 뭐라 뭐라 설명하는데 눈앞이 캄캄해졌다.

"아이를 먼저 빨리 꺼내자고. 산모보다는 아이가 더 문제야!"

아내와 아이가 위급할 수 있으며 제왕절개를 할 수밖에 없다는 의사의 말에 온몸에 힘이 빠졌다. 일단 아이와 아내를 먼저 살려야 했다. 수술하겠다는 각서에 사인하고 돌아와 앉는데 눈물이 핑 돌았다. 분주하게 의사, 간호사들이 수술실로 들어갔다.

다행히 수술은 잘 끝났다. 아내와 아기는 모두 건강했다. 돈 걱정은 까맣게 잊은 채 하나님께 감사 기도를 드리니 기쁨과 환희에 찬 감정이 함께 복받쳐 올라왔다. 드레의 웃는 모습은 꼭 나를 닮은 것 같았다. 콩알만한 녀석이 빤히 바라보는데 비로소 아빠가 된 실감이 났다. 목도 못 가누는 아이를 조심스레 안으며 잠시 기쁨에 잠긴 순간, 갑자기 제정신이 들었다. 머릿속으로 병원비 걱정이 파도처럼 밀려들기 시작했다.

'이제 병원비는 어떻게 해야 되지? 모아둔 돈은 30만 원이 전부인데, 수술을 했으니 비용은 상상을 초월할 거다. 당장 돈이 있냐?'

자연 분만을 했으면 이틀 만에 퇴원이니 그 정도면 충분했다. 하지만 수술을 하면 수술비에다가 일주일을 입원해야 하니 그 입원비까지 100만 원은 있어야 했다.

지금이야말로 하나님께 나의 믿음을 보여드릴 때라고 큰소리 뻥뻥 쳤지만 현실은 막막했다. 무능한 가장의 설움을 누가 알까? 내

기도의 라이벌인 조지 뮬러 형님처럼 기도할 수밖에 없었다.

'주님, 저는 개척교회 목사입니다. 개척하라고 하셔서 했습니다. 지금까지 하나님의 은혜로만 살았습니다. 순산하면 병원비 걱정 없이 퇴원할 수 있지만 지금 제왕절개 수술을 해서 병원비가 갑자기 예산을 초과했습니다. 주님이 순산하게 하셨으면 해결될 문제였는데 순산 못 하게 하셨으니 책임지시옵소서!'

주님을 더욱 의지해 기도했다. 지금까지도 믿음으로 살았는데 앞으로도 더욱 믿음으로 살겠다고 부르짖었다.

돈은 없지만 마냥 그러고 있을 수는 없으니 원무과를 찾아가 상담이라도 해야겠다 싶었다. 사정을 이야기하고 할부로라도 갚을 생각도 했다. 그렇게 원무과에 갔는데 그곳에서 뜻밖의 대답을 들었다.

"어떤 분이 이미 정산하셨어요. 내일 바로 퇴원하시면 됩니다."

"예? 누가 병원비를 계산했다고요?"

"네. 그분이 자기 이름을 밝히지 말아 달라며 병원비를 모두 지급하고 가셨어요."

체면이고 뭐고, 그 자리에 앉아서 눈물을 펑펑 쏟았다. 나중에 안 사실인데, 그때 병원비를 내준 천사는 울산 온양에서 시내로 교회를 다니던 한 집사님 부부였다. 그분들이 어느 날 주일 저녁에 우리 교회에서 예배를 드렸다가 그 후로 계속 저녁마다 말씀의 은혜를 받고 은혜를 갚는 마음으로 병원비를 내주었다는 것이다.

'앞으로 주님을 의심치 말고 살자. 더욱 감사하면서 살자. 믿음을 더욱 굳게 잡자!'

그 뒤로 가끔 그 병원 원무과에 간다. 입원비를 못 내서 어렵고 힘든 가정이 있는지 물어보고 만약 있다면 묻지마 계산을 한다. 그리고 그 고마운 집사님 부부(지금은 장로님이 되셨다)의 세 자녀를 위해 지금도 아침마다 축복 기도를 잊지 않는다. 은혜는 물에 새기지 말고 돌에 새겨야 하기 때문이다.

광야에 믿음 뿌리를 내리는 시간

2005년, 그렇게 안드레는 무사히 우리 가정에 안전하게 올 수 있었다. 스물여섯의 아내가 나에게 시집와서 겨울을 네 번 나는 동안 3남매를 낳았지만, 그 4년 동안 우리는 단 한 번도 보일러 버튼을 눌러보지 못했다. 입김이 나는 차가운 실내에서 두꺼운 내복과 전기장판에 의지한 채 두 손을 호호 불며 혹독한 겨울을 보내야 했다.

추운 것은 그래도 참을 만한데 첫아들을 낳고 기저귀 살 돈이 없어 천 기저귀를 쓰면서 찬물에 똥기저귀를 빨 때면 정말 손이 끊어질 듯 아팠다. 젖이 돌지 않는 아내와 칭얼대는 아기를 보며 많이 울었다. 마트 분유 판매대 앞에서 나는 가끔 뉴스에 나오는, 분윳값이 없어 도둑질한 젊은 아빠의 심정을 이해했다.

여름에는 에어컨은커녕 선풍기도 제대로 돌리지 못했다. 지금 생각하면 어떻게 그런 세월을 버텼는지 모르겠다. 현대를 살아가는 고인돌 시대의 주민 같았다. 고난은 파도를 타고 계속 몰려온다더니, 이 역경의 끝은 어디일까 싶을 정도로 힘든 나날이 계속되었다.

하지만 고난만 있으랴! 아내에게는 참으로 많이 미안하지만 그 와중에도 하나님께서 보내주신 3남매와 함께 한 공간에 있는 것, 그들을 바라보는 것이 참 기쁨이요 큰 위안이 되었다. 첫째 안드레, 둘째 안성주, 셋째 안나. 이들은 나의 소중한 하나님 사역에 동역자이자 내 삶의 버팀목이 되어주었다.

중국에 '모소'라는 대나무(Moso bamboo)가 있다. 농부들이 여기저기 씨앗을 뿌리고 정성 들여 키우지만, 4년이 지나도록 이 나무는 3cm밖에 자라지 않는다. 그러던 모소 대나무가 5년째부터는 하루에 무려 30cm가 넘게 자라기 시작하여 몇 주 만에 숲을 이룬다.

성장이 멈춘 것처럼 보이는 그 5년 동안 대나무는 보이지 않는 곳에서 땅속 깊이 뿌리를 내리고 있었고, 때가 이르면 엄청난 깊이와 넓이로 퍼져있던 뿌리가 단번에 많은 양의 물과 양분을 흡수하며 급속도로 성장할 수 있는 것이다.

개척 후 4년. 돌이켜보면 지금 생각해봐도 그 기간은 참 혹독한 광야 기간이었다. 무엇을 먹을까 무엇을 입을까, 모든 것을 오로지 주님만 의지하며 지냈던 시기였다. 물질에 있어서 철두철미한 그 4년의 훈련이 지나자 하나님께서 성도를 하나둘씩 보내주기 시작하셨다.

우리 인생에도 상황이 막히고 진행이 멈춘 것 같은 때가 있다. 기도도 응답되지 않고 전혀 내 뜻대로 되지 않을 때 우리는 스스로 실패했다고 여기고 절망한다. 그러나 어쩌면 실패가 아니라 모소 대나무처럼 보이지 않는 영역에서 뿌리를 깊이 내리고 있는지도 모른다. 그런 사람은 하나님의 때가 이르면 크고 위대한 역사를 이루는 축복과 응답의 주인공이 될 수 있다고 믿는다.

당신의 인생이 꽉 막히고 내 생각대로 되지 않는가? 이제 내가 생각할 수도 없고 예상할 수도 없는, 뜻밖의 하나님의 역사를 기대하며 끊임없이 기도의 뿌리, 믿음의 뿌리를 내려보자!

교회는
하나님의 것이다

PART

3

chapter 9

가는 성도, 오는 성도

값비싼 과외, 값진 과외비

나는 누구에게든 최선이라고 당당히 얘기할 만큼 정말 열심히 살았다. 고등학교 3학년 2학기, 수능을 치른 후부터 지금까지 부모님께 10원 한 장도 받지 않았고, 나눠주면 나눠줬지 누구에게든 구질구질한 부탁이나 아쉬운 소리 한번 하지 않고 살았다.

유학 시절, 한 달에 200-300만 원 용돈 받고 살던 애들도 힘들어하던 그 물가 비싼 런던에서 IMF까지 터졌을 때 누구에게 한 번도 폐 끼치지 않고 자존심 지키며 살려면 얼마나 열심히 살아야 하는지 모른다. 나는 정말이지 그때도 그렇게 살았고, 그래서 내 열심과 노력으로 충분히 잘살 수 있다는 자신이 있었다.

대학 때도 내 주변에는 나를 따르는 사람들이 엄청 많았고, 나는 그러한 인간관계로도 충분히 성공할 수 있다고 생각했다. 그런데 하나님께서 관계도 다 깨뜨리시고 내 모든 자랑과 의지를 다 꺾으셨다. 하나님께서 치시니 나 같은 건 아무것도 아니었다. 인간이란 존재가 아무것도 아니었다.

하나님께서 시련을 주시며 내가 아무것도 아님을, 내가 지금까지 팠던 웅덩이가 아무것도 아니고 내가 의지한 막대기가 상한 갈대 지팡이임을 비참할 정도로 보여주실 때가 있다. "애야, 너는 나 아니면 안 된단다"라고 가르쳐주시려고 지혜롭고 똑똑하고 가진 것 많고 영향력 있고 풍족한 사람들을 꺾는 작업을 하시는 것이다.

이것이 어쩌면 굉장히 아프고 쓰린 기억일 수도 있다. 하지만 그것을 통해 '나는 하나님 아니면 아무것도 할 수 없는 존재구나. 이 땅에 오직 주밖에 없구나' 하고 깨달을 수만 있다면 그 값비싼 과외비가 하나도 아깝지 않다.

개척을 준비할 때 아버지와의 인연으로 개척지 인근에 있는 성도 몇 명이 함께하겠노라 찾아왔다. 정말 천군만마 같았고 너무 의지가 되었다. 하지만 그들은 얼마 지나지 않아 아픔과 깊은 상처만 주고 떠났고, 사람을 의지했던 내 마음은 산산조각이 났다. 하나님은 목회 시작부터 오직 하나님만 의지하도록 나를 훈련시키셨다.

이렇게 "나는 하나님 아니면 아무것도 할 수 없는 존재입니다"라고 고백하고 인정하는 데서 오직 하나님만 의지하는 믿음의 결단과 영적인 개혁이 시작된다. 그 과외비를 통해서 인생을 배우라. 하나님을 더욱 의지하게 된다면 그 과외비는 절대로 아깝지 않으며 잃어버리거나 손해난 것이 아니다.

축복하며 보내주어라

목회를 하다 보면 가장 무서운 성도는 목사의 피멍 든 가슴에 또다시 피멍을 들게 하는 성도이다. 목사가 가장 아플 때는 성도들이 상처를 받고 교회를 떠나갈 때다. 물론 이사나 직장, 기타 피치못할 사정으로 교회를 떠나는 성도들도 있지만, 대부분은 교회를 떠나갈 때 목사의 피멍 든 상처 위에 또다시 상처를 내고 떠났다.

처음에는 이렇게 목회하다가 죽는 것 아닌가 싶을 정도로 견디기 힘들었다. 하지만 무릎을 꿇고 하나님께 나아가면 한결같은 말씀을 주셨다.

"원망하지 말고, 미워하지 말고, 축복하고 보내주어라."

초창기 우리 교회에는 다른 교회를 다니다가 오는 분들이 많았다. 희한한 것은 이렇게 온 분들이 떠나기도 잘 떠난다는 사실이었다. 병원 같은 교회를 꿈꾸라고 하시더니 내 목회가 환자들이 거쳐가는 병원 같았다. 잘 치료하면 퇴원하듯 보내줬다.

실망하고 허탈해하는 다른 성도들을 이렇게 위로했다.

"꼭 환자가 넘쳐야 좋은 병원이 아닙니다. 좋은 병원은 오히려 환자가 잘 치료되어 퇴원해야 합니다. 그분들이 잘 치료받고 퇴원했다고 생각하세요."

그래도 감사한 '퇴원'도 많았다. 이단에 빠졌다가 돌아왔으나 다니던 교회에서 쫓겨나고 아무 교회에서도 받아주지 않던 가정들이 우리 교회에 와서 건강한 신앙을 회복하고 다시 원래 고향 교회로 돌아가기도 했다.

또 이전 교회에서 시험 들고 교회와 목사님의 목회에 상처를 남기고 떠나왔던 사람들이 우리 교회에서 은혜를 회복하고 신앙의 본질을 깨달은 후에 지난날의 신앙생활이 얼마나 불충했는가를 회개하고, 건강한 영적 상태로 거듭나고 든든한 새벽기도 용사가 되어서 떠났던 교회로 다시 돌아가는 일도 많았다.

떠나보낼 때, 떠나보내야 할 이유

떠날 사람은 반드시 떠난다. 지금 이것이 불만이라 떠난다고 해서 그것을 맞춰주며 그에게 매달리면 그를 얼마간은 붙잡아 둘 수 있겠지만 내 경험상 그런 사람들은 반드시 또 다른 어떤 불만을 이유로 결국에는 떠난다. 그뿐 아니라 영권(靈權)에 손상만 입히고, 남아 있는 성도들에게도 권위가 떨어지고 목회 사역이 위축되는 결과로 이어진다.

그래서 나는 절대로 떠난다는 사람을 붙잡거나 그에게 매달리지 않는다. 충분히 기도해보았는지, 후회하지 않겠는지 물어보고 뒤도 안 돌아보고 보낸다. 성도들은 그것을 보고 우리 목사님은 너무 차갑다, 사랑이 없다, 냉정하다고 말한다. 아니다. 누구보다도 아프고 살점이 떨어져 나가는 것처럼 고통스러워서 밤새 우는 사람이 담임목사이다. 담임목사는 그 한 영혼 때문에 수많은 나날을 가슴 조이고 회복을 위해 애절하게 눈물로 기도한다.

그렇게 얘기하는 성도들은 떠나간 그 영혼을 위해 얼마나 기도했고 얼마나 애절한가? 교회에서 잠깐 입으로만 사랑을 외치고 그 사람을 위하는 것 같지만, 그 사람이 정작 자신의 삶에서는 우선순위에서도 밀리고 금방 잊히는 존재는 아닌가?

성도들은 결과적으로 한 가정, 한 사람이 교회에서 나가면 그때서야 문제를 인식하지만 목회자는 수개월 전부터 그의 심령이 강퍅해지고 은혜가 메말라가는 것을 보고 있다. 그 영혼의 영적 교만과 하나님의 뜻과 충돌하며 말씀을 받아들이지 않고 튕겨내는 모습을 보면서 아파하며 어떻게든 그를 회복시키려 피를 토하듯 그를 향해 말씀을 선포한다.

그러나 도무지 돌아서지 않고 내 노력으로는 안 되는 선을 넘는 순간이 온다. 더 이상 거룩한 분노가 그에게 나오지 않을 그때가 이제 그 영혼이 내 손에서 떠나는 시간이다. 그런 자를 인간적 감정이나 상황적 궁핍함에 잡아놓으려고 해서는 안 된다는 것이다.

목회자는 보이는 상품을 파는 사람이 아니라 보이지 않는 소중한 영적 가치를 전하는 자이다. 영권이 무너지고 손상되면 아무것도 할 수 없는 무기력한 존재가 되기에, 어떤 상황에도 영적 자존심과 권위를 생명처럼 지켜야 한다.

진실로 누구를 두려워할 것인가

목회 초기, 몇 안 되는 성도들 중에 많은 수를 차지하는 한 가정이 나간 적이 있다. 서로 형님 누님 하며 교회를 자기들 중심으로 마음대로 경영하고 싶어 한 자들이었다. 교인이 몇 명 안 되는 개척교회, 미자립교회에서 숫자로 협박하고, 조롱하듯 "말만 잘 들으면 밥은 먹고 살게 해주겠다"라며 목회자를 길들여 자기들의 소유물처럼 부리려고 한 영적 깡패들이었다.

이런 사실을 모르는 성도들은 그 가정을 붙잡고 교회로 데려오라고 나를 재촉하고 압박했다. 그들이 나에게 가했던 모욕과 조롱을 성도들에게 차마 말할 수 없었던 나는 등 떠밀리듯 그들을 회유하러 한번 찾아가다가 하나님의 불같은 진노를 느꼈다. 그길로 돌아와서 성도들에게 선포했다.

"앞으로 주의 종에게 이런 짓 시키지 마세요. 나는 다시는 주의 종의 권위를 포기하고 사람 앞에 무릎 꿇고 매달리지 않을 것입니다. 이런 목회자의 모습이 싫거든 당신들도 다 나가도 좋습니다."

그때 배운 것이 있다. 절대로 주의 종은 눈앞의 죽을 것 같은 위기와 형편에도 영적 권위를 포기한 채 구질구질 사람에게 매달려서는 안 된다는 것이다. 밥을 굶어 죽을지언정 절대 사람의 감정이나 관계에 호소하며 교회를 경영하며 먹고 살기 위해 목회해서는 안 된다는 것이다.

큰 교회나 안정적인 중형교회들은 모르겠지만, 사실 개척교회나 작은 미자립교회에서는 이것이 인간적으로는 쉽지 않다. 개척교회, 미자립교회는 한 가정이 떠나면, 아니 한 사람만 떠나도 흔들리고 큰 영향을 받기 때문에 어찌 보면 내 삶과 가정, 자녀들의 미래를 송두리째 건 모험처럼 두렵고 버거운 일이다.

그래도 담대해야 한다. 아닌 것은 아닌 것이다. 하나님께서 주신 말씀만 가감 없이 담대히 선포하면 된다. 그러면 하나님께서 친히 역사하신다. 회복시킬 자는 회복시키고 떠날 자는 떠나게 하신다. 내 권한이 아니라는 것이다.

물론 이 말은 성도가 나가든지 말든지 목회자가 아집과 독선으로 무책임하게 마음대로 목회하라는 것이 아니다. 나가는 이유가 본질적인 것인지를 보라는 것이다. 나가는 이유가 비본질적이고 지극히 개인적이고 감정적인 경우가 많다. 불순종과 비신앙적인 삶에 대해 스스로 찔리고 부딪혀서 나가는 경우가 대부분이다. 그럴 때 하나님의 말씀을 타협하고 훼손하면서까지 사람을 붙들어서는 안 된다는 것이다.

하나님만 두려워하면 사람이 두렵지 않을 것이다. 그러나 사람을 두려워하면 하나님을 두려워하지 않게 될 것이다.

아무나 받지는 않는 교회

처음에는 울산이나 부산에 있는 대형교회에 출석하는 성도들이 집

근처의 교회에서 새벽기도나 수요예배를 드리기 위해 우리 교회를 찾아왔다. 별생각 없이 방문해서 뒷자리에 앉아 팔짱을 끼고는 꼭 말씀을 평가하고 면접 보는 분위기로 예배에 참석했다.

도시의 대형교회에 다니는 분들의 눈에는 농촌의 작은 개척교회, 그리고 장로교단의 텃밭에 처음 세워진 순복음교회, 게다가 젊다 못해 어린 전도사가 우스워 보이기도 했으리라!

그러나 부족하지만 목숨 걸고 매일 매일 준비한 설교는 그들의 마음을 열었다. 그들은 어느새 팔짱을 풀더니 겸손하게 두 손을 무릎에 모으고 눈물을 흘리기 시작했다.

주일예배는 본 교회로 가지만 성경을 순서대로 한 장 한 장, 한 절씩 강해하는 새벽기도와 성경 인물 강해로 드리는 수요예배에 참석해 1년여만 예배드리면 거의 우리 교회로 와서 등록했다.

처음으로 그렇게 가족 전체를 데리고 찾아와 우리 교회에 등록했던 안수집사님 가정을 잊을 수 없다. 5대째 장로교단 신앙을 이어오신 가정이었다.

"전도사님 말씀 하나 따라왔습니다. 거둬주십시오."

무릎 꿇고 눈물을 흘리며 등록을 청했고 우리 교인이 되었다. 그렇게 4,5대째 뿌리 깊은 신앙의 가정들이 한 가정씩 한 가정씩 와서 함께하게 되었다.

가는 사람 잡지 말고 오는 사람 막지 말라는 말이 있지만, 그렇다고 해서 아무나 받은 것은 아니었다. 철저한 원칙이 있었는데,

이전 교회를 비방하거나 목회자를 대적하는 사람은 철저히 회개시키고 돌려보냈다. 교회를 옮겨 다니며 교회 쇼핑하듯 하는 사람들은 절대 받지 않고 따끔하게 충고해줬다.

어느 날 권사라고 자신을 소개하는 사람의 전화를 받았다.

"울산온양순복음교회가 소문이 났더라고요. 그래서 이번 주에 한번 가보려고 합니다."

"네, 그러시군요. 그런데 교회를 왜 옮기려고 하세요?"

대화를 나눠보니 그 분이 교회를 옮기려는 데에는 특별한 이유가 없었다. 그저 지금 교회에는 사랑이 없고 목사님 설교가 마음에 들지 않는다는 것이었다. 더구나, 가만히 듣다 보니 자신을 고객처럼 대우해달라는 것이었다. 묻지도 않았는데 자신의 직장과 직위를 이야기하며 자신을 과시하고 있었다. 더는 시간을 낭비할 수 없었다.

"권사님이라고 하셨죠."

"네."

"잘 들으세요. 꺼질지어다."

"예? 꺼, 꺼지라니요."

"출석하시는 교회에 충성을 다하세요. 교회는 감히 나 같은 죄인이 하나님의 은혜로 나아가서 예배드리는 곳이지 내가 나가주는 곳이 아닙니다. 철저히 회개하시고 출석하시는 교회 담임목사님을 잘 섬기고 신앙생활 잘하세요."

초면인데 심하게 이야기한 것은 맞다. 하지만 교회 출석이 무슨 협상이라도 되는 듯, 선심이나 쓰는듯한 태도로 자신을 대우해달라며 고객 노릇을 하려 드는 태도는 참아줄 수가 없었다.

교회는 예수님이 사장인 성도들의 주식회사가 아니다. 하나님은 우리가 예배할 유일한 대상이시다. 지금도 나는 이렇게 말한다.

"고객 노릇 하려는 성도들은 교회로 오지 말고 수퍼마켓으로 가십시오."

이런 교회는 문 닫겠습니다!

2008년 6월 마지막 주일에는 개척한 지 정확하게 4년 반 만에 처음으로 예배 인원이 100명이 넘었다. 40평이 채 안 되는 예배당이 좁아지기 시작했다. 파란 플라스틱 의자까지 가져다가 통로에 앉으며 행복한 잔치 같은 예배를 드렸다.

그런데 이 작은 부흥에도 아버지의 목회를 통해서도 보아왔던 고질적인 문제들이 하나둘 나타나기 시작했다. 어느 순간 끼리끼리 자기 수준과 코드에 맞는 관계들로 패거리를 이루고, 저마다 신앙의 전통과 경험이 있으므로 자신이 이전에 해오던 신앙의 익숙한 행위와 습관들을 요구하기 시작했다.

"기도 시간에 좀 조용히 기도했으면 좋겠어요."

"찬양 부를 때 손뼉 치는 게 싫어요."

"새벽기도 시간에 ○ 집사님의 통성기도 소리가 거슬려요."

"방언으로 기도 안 했으면 좋겠어요."

나를 가장 화나게 한 것은 가난하고 못 배우고 신앙생활이 좀 세련되지 못했거나 인격적으로 좀 성숙하지 못한 성도들은 소외되기 시작한 것이었다. 교회가 숫자로는 부흥했지만 진정한 교회의 모습은 아니었고 오히려 더욱 퇴보하고 있었다.

2008년 7월 어느 주일날, 나는 선포했다.

"우리 교회는 문을 닫겠습니다. 이건 교회가 아닙니다."

처음에는 농담하는 줄 알았다가 사뭇 진지한 나의 눈빛과 굳은 표정에서 비장함을 느낀 성도들은 웅성거리기 시작했다.

"○ 집사님 가정만 남고 다 나가세요. 다른 교회로 가십시오."

그 가정은 바로 우리 교회에서 가장 가난하고 어렵게 살며 술주정뱅이 남편 집사에게 폭력을 밥 먹듯 당하는 여집사님 가정이었다. 그 집사님은 세련되게 신앙생활 하지 못하고 울부짖으며 처절하게 기도하는 분이었다.

"이 가정을 남기는 것은 제가 아무리 생각하고 기도해봐도 세상에서 안호성 목사보다 이 가정을 더 사랑할 목사는 없을 것 같아서입니다."

그리고 나는 그 집사님의 울부짖는 기도 소리를 싫어하고 눈치 주던 한 부유한 집사님 가정을 정말로 내보냈다.

"집사님! 이 교회에 남아서 계속 내 위주로 신앙생활 하고 싶고 교회와 예배를 좌지우지하고 싶은 교만과 유혹이 생긴다면, 또 다른 성도를 정죄하고 미워하는 범죄를 계속 저지를 것 같으면 다른 교회로 가십시오! 집사님은 어느 교회 가서도 환영받고 존중받을 수 있지만 이 가정은 여기가 가장 사랑받을 수 있는 자리입니다. 그러니 집사님이 나가십시오."

주일에 교회 문을 잠가버렸다. 성도들이 눈물을 흘리며 무릎 꿇고 회개하기 시작했다.

"용서해주십시오. 저희들이 잘못했습니다."

우리 교회는 이때부터 텃세나 끼리끼리 패거리 모임이 없다. 아니 용납되지 않는다.

신앙생활과 예배에는 여러 가지 형태와 모습이 있다. 이것은 옳고 그름의 문제가 아니라 다름의 문제이다. 누군가는 신앙이 생존의 치열한 싸움이다. 매일 남편의 술주정과 폭력에 두려워 떨다가 어린아이를 들쳐업고 맨발로 도망쳐 교회에서 눈물로 밤을 새우고 새벽기도를 맞이하는 사람이 있다. 그 절망의 끝자락에서 하나님 아니면, 그 위로와 공급하시는 은혜가 없으면 하루도 살 수 없는 자가 있다.

그의 울부짖음이 몇 대째 신앙생활을 이어가며 믿음의 전통을 이어받아 축복받고 풍요하게 살면서 내가 교회 안 간다고 떼쓰면 할머니며 엄마가 업어서 예배의 자리로 옮겨주던 신앙과 어찌 같을 수 있겠는가? 물에 빠진 자의 울부짖음이 고급 레스토랑에서 내가 좀 더 좋아하는 '미디엄 레어'로 구워달라고 주문하는 점잖은 요청과 어찌 비교될 수 있겠는가?

다름을 인정하고, 때로는 성령이 이끄시는 대로 예배인도자가 요청하는 대로, 때로는 뜨겁게 때로는 조용히, 때로는 경건하게 때로는 다윗처럼 춤추며 예배하자! 그게 바로 신앙의 성숙이고 진정한 영적 부흥이다!

교회를 교회 되게 하는 용기

우리 교회는 생명과 진짜를 위해서 교회 문 닫기를 청했던 일이 그렇게 몇 번 있다. 2013년에도 교회가 크게 부흥하고 외부에 알려지기 시작하면서 담임 목사가 집회로 교회를 비울 때가 많아지니까 다른 교회에서 옮겨 온 중직자들이 제대로 된 신앙생활을 하지 않고 그 안에서 정치질을 하고 자기 낯을 내려고 하는 인본주의적 모습이 있어서 단호하게 치리하고 문을 닫은 적이 있다.

교회가 교회답지 못할 때 이런 교회는 무너져야 하고 이런 교회는 망해야 하고 이런 교회는 문 닫아야 한다고 선포할 수 있는 용기가 아직은 조금 남아 있다는 것이 감사하다.

나도 어쩔 수 없이 인간인지라 넓은 길에 빠졌다가 십자가를 버릴 때가 있다. 나이를 먹어가면서 지켜야 할 것들, 잃고 싶지 않은 것들이 많아지니까 점점 그 용기가 희미해질 때가 있다. 이 말씀만 거두고 이 진리만 선포하지 않으면 지켜낼 수 있는 것들이 너무 많다. 요 정도만 타협하고 이 정도만 못 본척하면 지킬 수 있는 것들, 잃어버리지 않아도 되는 것들이 너무나도 많다.

그러나 지도자가 잘못된 길을 걸어가면 맡겨진 그 영혼들이 다 죽는다. 가짜 목사 아니라 진짜 목사 되고, 끝까지 좁은 길을 선택할 수 있는 교회가 되기를 소망한다. 성도들도 가짜 성도가 아니라 진짜 성도 되고, 교회에 다니는 사람들이 아니라 진짜 제자 되며, 예수를 좇는 '무리'가 아니라 예수를 따르는 '제자' 되기를 주의 이름으로 소망한다.

우리는 어쩔 수 없이 죄인이어서 발걸음이 자꾸 넓은 길로 자연스럽게 향할 수밖에 없지만, 그럴 때마다 돌아와야 한다. 예수님의 제자들이 그랬듯이 우리는 돌아와야 한다. 끊임없이 말씀 가운데 '아, 내가 갈 곳은 이곳이 아니지' 하고 회개하며 돌아와야 한다.

나 또한 기도한다. 십자가가 길이라고, 예수만이 길이요 생명이라고 전할 수 있는 당차고 용기 있는 목사가 되게 해달라고. 세상 사람들이 듣기 싫어해서 방송에 나갈 때는 절반을 편집해야 하는 설교가 될지라도 서슬 퍼런 사자처럼 사자후(獅子吼)를 토해내며 맹수의 송곳니 같은 날카로운 말씀을 드러내고 시대를 꾸짖을 수 있는 종이 되기를 소원한다.

chapter **10**

하나님 앞에서, 사람을 향하여

말씀을 제대로 전하기 위한 몸부림

개척 후 출석 성도들이 한두 명씩 늘어가던 무렵, 새벽기도 성도는 한두 명이 고작이던 어느 날 새벽에 설교하려는데 갑자기 두렵고 하나님께 죄송한 마음이 들었다. 새벽기도라고 앉아 있는 성도가 하나둘밖에 안 되고, 그마저 설교내용도 잘 알지 못하고 꾸벅꾸벅 졸고 있는 할머니들인지라 대충 강대상에 서서 하루 때우듯 설교하려던 내 모습이 보인 것이다.

'내가 만약 1만 명 교회의 담임목사였어도 내가 이 정도로 설교 준비해서 강대상에 용감하게(?) 설 수 있었을까?'

나 자신이 가짜 설교자라는 것이 뼈저리게 느껴지면서 하나님께 너무 죄스러웠다. 분명 설교는 성도에게, 사람에게 하는 것이지만 나는 먼저 하나님 앞에 서 있다는 것을 기억해야 했다. 설교자는 상황과 대상에 맞춰주는 것이 아니라 하나님께서 지금 이곳에 가장 하고 싶어 하시는 말씀을 대언해야 하는 것이다.

이 당연하고 단순한 진리를 망각하고 사람이 몇 명 없다고, 그 말씀을 듣는 사람이 수준(?)이 낮다고 편하게 예배 한 번 때우려 했던 나 자신이 너무 실망스럽고 부끄럽고 죄스러워 눈물이 흘렀다. 도저히 설교할 수 없어서 펑펑 울며 하나님께 회개의 기도를 드렸다.

꾸벅꾸벅 졸고 있던 할머니가 울음소리에 깜짝 놀라서 깨어 나를 미안한 눈빛으로 쳐다봤다. 자기가 졸아서 내가 우는 줄 알았던 것 같다. 그 할머니 성도에게 무릎을 꿇었다.

"죄송합니다. 오늘은 제가 설교를 할 수가 없습니다. 오늘은 말씀이 제대로 준비되지 않았습니다. 내일부터는 진짜 하나님의 말씀을 들고 서겠습니다."

사람의 많고 적음이 아니라 어떤 상황 공간이든 하나님이 하실 말씀을 받아 전하는 진실한 설교자가 먼저 되자고, 정말 내 능력 안에서 최선을 다해 말씀을 준비하자고 결심했다.

그날부터 나는 설교 준비에 최선을 다하려고 몸부림을 쳤다. 여러 가지로 부족하고 모자란 사람이지만 내가 먼저 하나님께 은혜를 받으려고 애를 쓴다. 설교란 내가 먼저 받고 누린 은혜를 나누는 것이지, 누군가를 가르치려 해서는 안 된다. 내게 은혜가 되지 않고 내가 눈물이 나지 않고 내 가슴이 뛰지 않는 설교는 토요일이라도 원고를 찢어버리고 다시 준비했다.

말씀을 준비하는 것이 어떤 때는 숨이 가쁠 정도로 힘들다. 설교 '거리'가 없어서가 아니다. 내가 맨 하는 일이 책 읽는 것이라서 설교에 예화로 쓸 거리는 정말 많다. 그러나 그런 것이 문제가 아니라 '오늘 하나님께서 진정 내 백성들에게 원하시는 말씀'을 전해야 하기 때문이다. 나는 항상 그 말씀을 발견하게 해달라고 엎드려 기도하며 간절히 구한다. 어떤 때는 새벽까지 울면서 매달려 기도하는 이유가 그것이다.

새벽기도, 수요예배 등 아무리 모이는 인원이 적어도 최선을 다해 말씀을 준비했다. 개척 때 토요일이면 밤에 아무도 없는 성전에 나와 설교 리허설을 했다. 하도 설교 준비를 하니 꿈에서도 설교하는 모습이 나올 정도였다. 긴장감과 무거운 책임감에 금식하며 강대상에 섰다. 설교가 끝나고 예배가 다 끝나고 주일 저녁에 집에 들어와야 첫 끼를 먹을 정도로 두려운 마음으로 말씀을 준비하고 전했다.

외부 집회를 나가기 시작한 지 약 8년이 되었다. 그때부터 지금까지 거의 매일 집회 사역이 이어지고 있으나 한 번도 배가 부른 채로 강대상에 오른 적이 없다. 아무리 작고 몇 명 없는 시골의 미자립교회일지라도 점심 한 끼만 먹고 저녁 집회 전에는 항상 금식하고 강대상에 선다. 그것이 바로 하나님을 경외하고 그 성전과 강대상을 존중하는 나만의 마음가짐이요 스스로의 다짐이다.

몇 년 전 서울 극동방송에서 전 직원 채플을 인도한 적이 있다.

말씀을 전하고 김장환 목사님과 지하 카페에서 샌드위치로 간단하게 아침을 들며 대화를 나눌 때 김장환 목사님이 이 어린 목회자를 격려하며 이렇게 칭찬해주셨다.

"안 목사는 설교할 때 하나님을 믿는 게 느껴져서 좋아."

눈물이 나고 가슴이 뛰었다. 대가께서 어린 목회자에게 격려의 뜻으로 해주신 말씀이었겠지만 그 말씀을 듣고 나는 다짐했다.

'목사가 먼저 하나님 살아계심을 믿고, 그분 앞에 서 있음을 잊지 말고 두려움과 겸손함으로 말씀을 전하자.'

이것이 내 평생 붙들고 변하지 말아야 할 목회와 설교의 신념이 되었다.

작은 교회만이 줄 수 있는 영적 유익

열심히 전도하던 중, 울산 시내 한 대형교회의 집사라는 분이 던진 말이 너무 내 가슴을 아프게 했다.

"전도사님 같으면 이런 교회 다니시겠어요?"

내가 교회를 개척하고 목회를 시작한 이래로 들은 말 중에 가장 잔인하고 뼈아픈 말이었다. 너무 화가 나서 전도를 접고 교회로 돌아와 버렸을 정도였다.

분을 삭이다가 곰곰이 생각해보니 그 말이 틀리지 않아서 더욱 화가 났다. 내가 개척하고 목회하는 교회가 아니라면, 선택권이 있는 한 성도의 입장이라면 정말 나라도 이 교회를 다니려고 하기가 쉽지 않을 것 같았다. 아니, 솔직히 말하면 안 다닐 것이 분명했다.

경험도 없고 나이도 어린 전도사가 담임하는 개척교회. 성도도 몇 명 없고 예배당 외에는 어떤 편의시설도 없으며 시설도 형편없는 시골 교회…. 잔인하고 슬프지만 이것이 내가 받아들여야 할 우리 교회의 현실이었다.

그래서 나는 절망했을까? 아니다! '그렇다면 내가 성도라도 다닐 수 있는, 다니고 싶은 교회가 되게 해야겠다'라고 다짐했다. 당장 바꿀 수 없는 시설이나 잘 갖춰진 기관과 담당 교역자들, 이런 것은 포기하고 내가 지금 당장 할 수 있는 일들은 무엇일까 생각했다.

'대형교회가 줄 수 없는, 작은 개척교회 목회자만이 줄 수 있는 영적 유익은 무엇일까?'

두 가지가 떠올랐다. 개개인에게 적용되는 생생한 말씀과 자녀들에 대한 관심이었다!

영적인 과외수업

어학연수나 스포츠 강습에서 1대 1 수업과 1대 5 수업, 1대 20 수업은 수업료가 각각 다르다. 당연히 수업 참가자가 적을수록 수업료가 비싸다. 수강자가 적을수록 그 사람에게 더 집중해서 가르쳐주고 봐줄 수 있고, 그래서 실력 향상도 빠르기 때문이다.

개척교회의 목양은 마치 영적인 과외수업과 같다. 그 사람의 상황과 처지, 영성과 그 변화와 성숙이 적나라하게 눈에 띈다. 몇 안 되는 성도이니 마치 과외처럼 하나님의 말씀이 한 사람 한 사람 상황과 영성에 따라 잘 적용될 수 있도록 구체적으로 선포될 수 있다.

"이렇게 개개인의 영성을 챙기며 말씀 전하고 받을 수 있을 때 이 시간을 잘 누리세요. 이것은 마치 과외수업 같은 시간입니다."

자녀들을 향한 담임목회자의 관심

큰 교회에서는 담당 교역자에게 자녀들을 맡기니 담임 목회자의 관심을 받을 수 없다. 하지만 나는 자녀들에 대한 담임목회자의 관심과 기도에 얼마나 위대한 힘과 능력이 있는지 아버지의 목회 현장을 통해 배웠다. 그래서 자녀들을 위한 목회를 시작했다.

주일학교 청소년부를 직접 가르치며 아이들의 신앙과 삶에 관심을 쏟았다. 주일학교 학생들을 사택에 초대해서 재우고 그들의 눈높이로 함께 놀아줬다. 그리고 줄을 세워 행진하며 새벽기도를 함께 가고 새벽기도가 끝나면 작은 승용차에 아이들을 포개어 가득 태우고 10여 명 넘게 인근의 대운산으로 가서 함께 찬양하고 기도했다.

"내 하나님은 크고 힘 있고 능 있어

못 할 일 전혀 없네, 우! 우!"

찬양 소리가 산에 가득했다. 기도 후에는 사람들이 산에다 우상숭배로 가져다 놓은 촛대와 과일 등 제물들이 있는 제단을 쓸어버리고 청소했다. 모태신앙으로 부모 따라 교회만 출석하던 자녀들이 인격적으로 예수님을 만나고, 부모 없이 교회 다니는 아이들도 믿음이 생기기 시작했다.

매달 첫날은 자녀들을 위한 금식기도를 하며 온종일 교회를 지켰다. 그러면 주일학교 학생들과 청소년부 학생들, 그리고 어린 자녀를 데리고 온 성도들이 아무 때든지 나를 만나 상담하고 안수기도를 받았다. 삶에 어려운 문제가 있는 아이들은 상담하며 펑펑 울기도 하고, 꿈과 비전에 대해서도 묻고 그 꿈을 이룰 수 있는 길을 찾도록 나와 함께 고민했다.

부모님에게도 말 못 할 고민을 나에게 털어놓기도 하고 신뢰가 쌓여가면서 자녀들이 변하기 시작했다. 신앙도 성장하고 학교생활이나 가정생활이 몰라보게 달라졌다. 아이들이 잘되는 교회로 소문이 나기 시작했다. 아이들은 변하는데 부모들이 오히려 그 신앙을 못 따라오고 교회를 떠나는 일도 많았지만….

5살, 7살에 만난 그 아이들이 이제는 자라서 벌써 대학생이 되고 직장인, 사회인이 되고 가정을 이루며 우리 교회의 든든한 기둥들로 세워지고 있다. 강력한 믿음이 용사들이 되어 첫 직장이나 특별한 소득을 첫 열매로 드린다.

개척 당시, 고등학교 1학년 때 전도를 받아서 처음 교회 다니기 시작한 엄태섭이라는 제자는 내가 집회 다니며 고르고 골라 온 현숙한 여인 신옥영과 결혼해 두 자녀를 두었는데 대기업에 입사해서 성실한 사원으로 인정받고 S등급을 놓치지 않으며 하나님께 영광 돌리고 무슨 일이든 목회자가 하는 일에 목숨 걸고 헌신하며 돕고 있다. 또 많은 어린 제자들이 무럭무럭 자라 교회의 일꾼들로 각자의 자리에서 든든한 동역자로 사역을 감당한다.

어려움 중에도 선교하는 축복의 기회

성도 자녀들에게 정성을 쏟으면서 주일학교와 청소년부가 부흥하기 시작했고, 이렇게 아이들이 늘면서 어른들도 점점 늘기 시작했다. 2008년이 되었다. 광야 같은 4년의 세월이 지나가는 때였다. 재정부에서 기쁜 소식이 들려왔다. 재정이 점점 늘어나서 드디어 무거운 짐 같은 대출금을 올해 안에 다 갚을 수 있다는 보고였다.

내게는 특별히 하늘을 날 듯 기쁜 소식인 것이 나는 천성적으로 빚지는 것을 죽기보다 싫어한다. 일종의 강박증 같은 것이 있어서 지금껏 누구에게도 돈을 빌려본 적이 없다. 그뿐 아니라 공과금이 하루라도 밀리면 그것도 빚이라 여겨 핸드폰 요금 한 번 밀려본 적이 없고, 카드를 사용해도 지금까지 할부로 사본 적이 없다. 아무리 무이자 할부여도 무조건 일시불로만 결제한다.

그런 나에게 내 명의로 된 은행 대출은, 비록 교회 개척과 건축, 운영을 위한 것이라 해도, 하루라도 빨리 떨쳐버리고 싶은 숨 막히는 짐이었다. 그런데 그런 짐 같은 대출이 올해면 다 해결될 수 있다니 얼마나 행복한 소식인가?

그런데 그때 하나님께서 나에게 이런 마음을 주셨다.

"돈이 남아돌 때 선교는 누구나 할 수 있지만 이렇게 나도 빚지고 있으면서도 선교할 수 있는 기회, 하나님께 더 큰 축복을 받을 기회는 올해가 마지막이다!"

재정부에 남은 대출금이 얼마인지 물으니 2천만 원이라고 했다. 그래서 나는 재정부에 "이제부터 한 푼도 대출금 갚지 말고 2천만 원을 모아 먼저 선교부터 하겠습니다"라고 선포했다.

필리핀 사역을 하시는 선교사님을 찾아갔다. 후덥지근한 날씨, 가끔씩 쏟아지는 폭우에 여지없이 땀을 흘려야 했지만. 거짓말같이 하늘이 맑게 개는 모습이 인상적이었다.

선교사님은 젊은 신학생들 및 대학생들과 함께 신앙생활을 하고 계셨다. 선교사님이 돕고 있는 많은 크리스천 대학생들의 어려운 형편을 보니 울컥했다. 나도 2004년에 개척하면서 돈이 없어서 책도 한 권 못 사고 발을 동동거려야 했던 시절이 떠올랐기 때문이다. 그래서 그들에게 식사를 대접하고 용돈을 드렸는데 다음 날 보니 학생들은 받은 돈으로 책을 사고는 밥을 굶고 있었다. 한 달 생활비 전부를 책 사는 데 쓴 것이다.

선교사님의 설명에 따르면 필리핀 사람들에게는 내일이 없단다. 하루하루가 힘들기 때문에 저축할 엄두도 못 낼뿐더러 많은 돈이 갑자기 생기면 금방 다 써버린다고 한다.

"아니, 굶고 있는 처지가 안쓰러워 밥 사 먹으라고 준 돈으로 다 책을 사면 어떡합니까?"

"책을 너무 읽고 싶었어요. 밥은 굶으면 되지만 책은 돈이 없으면 절대 살 수 없거든요."

"그럼 내일부터는 굶어야 해요?"

"네. 교회에 와서 때로는 식사하기도 하지만요."

필리핀은 천주교인이 대부분이라 개신교로 개종하면 대부분 가족의 지원이 끊어진다고 한다. 신학생들은 혼자 학비를 벌어 생활해야 하는데 필리핀 자체가 일자리를 구하기도 어렵고 가족에게 버림받은 경우가 많아 절실히 도움이 필요하다. 필리핀 선교사님은 이렇게 말씀하셨다.

"목사님, 사실은 간절히 기도하고 있었어요. 우리 교회에 다니는 신학생들이 공부할 수 있도록 물질을 채워달라고요."

"이렇게 신학생들이 어려운지 몰랐어요."

"한국 교회들은 교회를 세우는 헌금은 많이 하려고 해요. 천만 원에서 2천만 원만 있으면 땅을 사서 교회를 지을 수 있으니까요."

나 또한 처음에는 온양순복음교회의 이름으로 교회를 건축할 생각이었다.

"그렇군요, 사실 저도 교회를 건축하려고 했어요."

"교회는 건물이라 눈에 보이고 표시도 나지만, 신학생들을 지원하라고 하면 잘 안 해요. 교회는 세우려고 하지만 사람은 세우려고 하지 않거든요."

큰 도전과 깨달음이 있었다. 건물도 세워야 하지만 사람을 세우는 사역도 결코 간과해서는 안 된다는 것을 그때 크게 깨달았다.

'그래, 우리 교회가 아니더라도 교회를 건축하겠다는 교회는 많다. 우리 교회는 사람을 건축하는 교회로 방향을 잡자!'

"선교사님, 그럼 우리 교회가 신학생들을 도울 수 있게 해주세요. 교회가 아니라 사람을 세우겠습니다."

"목사님! 감사합니다. 드디어 하나님께서 기도 응답을 주셨군요!"

새까맣게 그을린 선교사님은 눈물을 보였다. 누가 시키지도 않았는데 우리 두 사람은 부둥켜안고 기뻐하며 울었다.

사람을 세우는 선교의 비전

선교사님께 필리핀 신학생들과 대학생들을 잘 선별해서 추천해달라고 했다. 단, 반드시 다음에 부합하는 사람으로 해달라고 몇 가지 조건도 말했다.

첫째, 크리스천 학생을 추천해달라.

둘째, 간절히 기도하는 학생을 추천해달라. 찾아와서 도와달라고 하는 사
람은 빼라.

셋째, 장학금 이름을 까마귀[1] 장학금이라 하고 누가 도와주는지 알리지
마라.

넷째, 선교 보고는 안 해도 된다.

선교사님은 기다렸다는 듯이 형편이 어려워 기도하고 있던 20여
명의 신학생들과 대학생들을 추천해주셨다. 그들을 위해 전액 장
학금과 생활비를 모두 드렸는데 2천만 원이 기가 막히게, 모자라
지도 남지도 않게 딱 맞았다. 돌아와서는 교회를 건축하지 않고
모두 신학생 학비와 생활비로 썼다고 이야기했다.

그렇게 잊힌 듯 시간이 흘렀다. 4년 뒤인 2011년, 우리 교회에서
시골에서는 유례가 없는 선교대회를 처음으로 열었다. 유일무이하
게 공개적으로 실행한 대대적인 프로그램이라고나 할까? 전 세계

---

1) "여호와의 말씀이 엘리야에게 임하여 이르되 '너는 여기서 떠나 동쪽으로 가서 요단 앞 그릿
시냇가에 숨고 그 시냇물을 마시라 내가 까마귀들에게 명령하여 거기서 너를 먹이게 하리라'
그가 여호와의 말씀과 같이 하여 곧 가서 요단 앞 그릿 시냇가에 머물매 까마귀들이 아침에도
떡과 고기를, 저녁에도 떡과 고기를 가져왔고 그가 시냇물을 마셨으나 땅에 비가 내리지 아니
하므로 얼마 후에 그 시내가 마르니라"(왕상 17:17).

에 흩어져 있는 일본, 태국, 필리핀, 몽골 등 선교사님들을 모시고 한 주씩 선교대회를 개최했다.

그때 필리핀 선교사님도 우리의 초청으로 교회를 방문했다. 반갑게 만나서 그간 사정을 들어보니 우리가 후원했던 바로 그 교회에서 여섯 명의 목사가 세워지고 여덟 명의 선교사가 파송되었다는 놀라운 소식을 들을 수 있었다. 그중 한 분이 태국의 극렬한 이슬람 지역에서 가장 왕성하게 하나님의 복음을 전하고 있는 크리스티나 선교사로, 바로 4년 전 생활비와 등록금을 후원받았던 분이다.

"크리스티나 선교사님은 4년 전 여러분들의 후원에 힘입어 신학교를 마치고 태국 선교사로 파송되었습니다."

그때까지도 그게 그렇게 감격스러운 일인지 몰랐다.

"그녀는 태국에서도 극렬한 이슬람 지역에서 생명을 내어놓고 선교하며 하나님의 복음을 증거하고 있습니다."

이슬람 지역은 상상을 초월했다. 목숨을 내놓지 않고서는 사역을 시작조차 할 수도 없는 지역이라고 했다.

"하나님께서는 놀랍게도 그 지역을 변화시키셨습니다. 지금은 교회가 세워지고 온전한 찬양이 울려 퍼지고 예배가 드려지는 영광의 장소로 변화되었습니다!"

그렇다, 우리가 자유롭게 예배드렸던 그 순간 이역만리에서도 하나님을 향해 생명을 걸고 드리는 예배가 있었다. 그때 받은 선교적 비전은 너무도 강렬했다. 이렇게 편안하고 안락한 자유대한

민국에서 우리가 얼마나 많은 은혜 가운데 예배를 드리고 있는가!

어찌 생각하면 지금은 가장 손쉬운 선교의 시대가 되었다. 물질적으로만 헌신하면 수많은 전 세계에 흩어진 "나를 보내소서!" 하고 외치는 청년들을 전 세계로 파송할 수 있으니 말이다.

'가는 선교사, 보내는 선교사'라는 구호처럼 2011년 이후 우리 교회의 새로운 트렌드는 '선교하는 교회, 사람을 세우는 교회'로 굳혀졌다. 하나님은 우리 교회의 첫 플러스 열매를 통해 열네 명의 필리핀 현지인 목사와 선교사를 세워주셨다. 울산온양순복음교회의 첫 플러스 열매를 거룩한 하나님의 선교사역에 드렸더니 하나님께서 큰 은혜로 역사해주셨다. 그래서 우리 교회는 이 사역을 지금도 이어가서 사람을 세우는 선교의 비전을 계속 실행해가고 있다.

chapter 11

교회를 짓다, 교회를 세우다

눈물의 쫄면

성도들이 늘고 교회에 자리가 부족해지면서 자연스럽게 교회 이전이며 건축 이야기가 성도들 사이에서 나오기 시작했다. 2008년 어느 날, 한 집사님이 좋은 부지가 나왔다며 교회 건축을 제안했다. 지금은 논이지만 도시 계획상 그 일대가 다 아파트 지역으로 지정되어 곧 개발이 진행된다는 소문이 돌았고, 지금은 한 평에 50-60만 원이면 살 수 있지만 땅값이 오를 테니 빨리 사두는 것이 좋겠다는 의견이었다.

성도들도 모두 좋아했다. 그런데 모두들 좋아하고 찬성하는데 아무리 기도해도 내 마음이 움직이지 않았다. 하나님께서 감동을 주시지 않는 것이었다. 모두가 찬성하고 좋다고 해도 하나님께서 주의 종에게 응답하지 않으신다면 할 수 없는 것이다.

그렇게 차일피일 미루다가 1년이 지났다. 2009년 5월, 정말 공간이 너무 부족하고 건축하지 않으면 안 될 상황이 되었는데 기도 중 드디어 '새 부대를 준비하라'라는 마음의 감동이 왔다.

1년 전에 이야기가 나왔던 그 땅을 매입하려고 하니 그 땅은 이미 시세가 두 배로 뛰어 평당 120만 원이 넘었고, 교회가 계약을 하려 하자 땅 주인이 150만 원으로 올렸다. 교인들 보기가 너무 미안하고 민망했다. 성도들이 원하는 대로 그때 샀으면 얼마나 좋았을까? 1년 만에 너무나 값비싼 대가를 치르고 땅을 사야 하게 되니 나 자신이 너무 밉고 속상했다.

그래도 성도들이 지금이라도 그 땅을 사는 것이 좋겠다고 순순히 찬성하여 5월 5일에 계약을 하러 부동산으로 향했다. 그런데 부동산에서 그날 갑자기 180만 원으로 값을 더 올려 부르는 것이 아닌가? 만약 여기서 땅을 계약하지 못하면 교회에 큰 분란이 날 것이 뻔한 교회와 목사의 사정을 잘 아는 사람이 부동산과 짜고 장난을 치는 것이었다.

눈앞이 캄캄해지고 손이 떨렸다. 하지만 아무리 생각해도 이 계약은 부당하고 도저히 받아들일 수 없었다. 자리를 박차고 나왔다. 교회로 향하는 차 안에서 눈물이 펑펑 났다. 함께 갔던 안수집사님이 몇몇 중직자들에게 전화로 이 사실을 알렸다. 너무 미안해서 쳐다볼 수도 없었다.

너무 실망스럽고 속상한 마음에 교회에 도착했는데, 공휴일이라 직장에 가지 않은 성도들이 2층 교육관 겸 식당에 가득 모여있는 것이었다. 두렵고 미안하고 쥐구멍이라도 숨고 싶었다.

'얼마나 나에게 실망하고 화가 나 있을까?'

그런데 이게 웬일인가? 나를 인도하여 올라간 2층에서는 화가 난 성도들의 항의와 원망 대신 나를 위로하는 노랫소리가 울렸다.

"목사님, 힘내세요. 우리가 있잖아요.

목사님, 힘내세요. 우리가 있어요."

그들은 내가 좋아하는 쫄면을 맛있게 조리해 차려놓고 있었다.

"목사님, 쫄면 드시고 다 잊으세요. 분명 하나님께서 더 좋은 땅을 주실 거예요."

매워서인지 고마워서인지 쫄면을 먹는 내내 눈물이 흘러내렸다. 세상에서 그렇게 맛있는 쫄면은 다시 없을 것이다.

합력하여 선을 이루다

그때부터 새로운 교회 부지를 찾으려고 여러 곳을 돌아다녔지만 마땅한 땅이 나오지 않았다. 무엇인가 하나씩 부족한 점이 있었다. 다 좋은데 거리가 멀거나, 교통편이 좋지 않거나, 아이들에게 위험한 지역이거나 했다. 어떤 곳은 지하수 개발 금지구역이라 상수도를 끌어오는 비용이 너무 많이 들어가고, 또 어떤 곳은 건축을 위한 도로가 좁아 허가가 나오지 않는 곳이었다.

　50여 곳을 다녀보아도 이상하리만큼 마땅한 부지를 찾지 못하고 지쳐가던 어느 날, 외곽의 한 부지를 소개받았다. 구획정리만 된 채 방치되고 있는 후미진 땅으로, 집도 없고 사람들의 왕래도 별로 없어 가로등도 없고 풀만 무성한 지역이었다. 바로 앞에 공원이 있었는데 배수로 덮개도 누군가 다 떼어가고 벤치나 놀이기구도 없이 흉물스럽게 방치되어 불량 청소년들의 탈선 장소로 사용되고 있었다.

　그런데 그 땅을 보는 순간 이상하게 마음에 딱 드는 것이 여기다 싶은 마음이 들고 성도들도 모두 좋아했다. 그 땅을 평당 230만 원에 매입하고 건축 기공 예배를 드렸다.

　"하나님, 지금은 이 땅이 흉물스럽고 버려진 땅 같아 보이지만 이 지역의 중심이 되게 하시고, 축복의 근원이 되게 하옵소서."

　이전 성전을 매각하고 대출금과 성도들의 정성 어린 헌금으로 겨우 토지를 매입하고 최소한의 자금으로 성전을 직영으로 건축했다. 조립식으로 우리가 직접 할 수 있는 모든 공사를 힘을 모아 감당했다. 옛날 교회 건축처럼 청소년부터 청년들, 여성도들까지 매달려 매일 모여 힘을 모았다.

　그렇게 성전이 완성되고 건축이 마무리되었다. 지금은 그 기도가 응답되어 교회 바로 옆으로 길이 뚫리고, 아파트 단지가 들어오고, 지역의 중심이 되었다. 땅값도 훨씬 올라서 많은 사람이 이렇게 좋은 땅을 어떻게 미리 알고 샀느냐, 어디서 정보를 들었냐며 궁금해한다.

반면, 처음에 사려다 실패한 땅은 지금까지 개발이 되지 않고 논밭인 채로 머물러 있다. 실수와 실패를 통해 하나님은 합력하여 선을 이루어주셨다. 그리고 그때 부족하고 어린 목사를 믿어주고 오히려 격려해준 성도들이 없었다면 이런 기쁨과 행복은 없었을 것이다.

주의 종을 신뢰하라. 인간의 눈으로는 실패처럼 보이는 순간에도 실수가 없으신 하나님의 계획을 믿어라! 그런 때일수록 교회가 분열이 아닌 협력과 하나 됨으로 반응하면 하나님은 우리의 무지, 실수, 실패, 연약함마저도 모두 합력하여 내가 꿈꾸지도 못했던 선한 결과를 내게 하시고, 기대 이상의 해피 엔딩으로 이끌어주신다.

억지로라도 십자가를 지라!

다음 장에서 이야기하겠지만 새 성전을 건축하여 이전한 후 교회는 한동안 정체를 겪다가 열정적인 전도로 다시 부흥하기 시작했다. 그래서 이전한 지 3년 만에 교육관을 건축하고, 2년 후인 2015년 7월에는 본당이 좁아서 새로 건축을 시작했다.

실은 2014년에 건축의 필요를 느꼈고 하나님의 명령도 주어졌다. 하지만 너무 지쳐서 감당하기 힘들어서 "하나님, 조금만 기다려주세요. 제가 좀 쉬고 나중에 멋지게 성전을 지어 바칠게요. 지금은 너무 지쳤어요"라며 1년을 불순종하고 버텼다. 개척부터 시작된 건축과 증축이 4번이나 이어진 데다 2012년부터는 시작된 외부 집회 사역이 목회와 병행되니 그 버거움을 감당할 자신이 없었다.

그런데 하나님은 말씀을 통해 계속 건축을 명령하셨다. 그때 주신 말씀이 바로 '업그레이드 유어 라이프'(Upgrade your life)라는 시리즈 설교였다. 6개월 동안 진행된 말씀의 결론은 바로 "억지로라도 십자가를 지라"라는 것이었다.

구레네 사람 시몬은 십자가를 지고 가시는 예수님 곁을 지나다가 어떻게 생각하면 재수 없게 선택되어 강제 노역을 하게 되었다. 그러나 그것은 인류를 살리신 예수님의 보혈을 그 삶에 묻히며 자녀인 알렉산더와 루포에게 영광과 축복 된 삶을 물려주는 통로가 되었다.

'그래, 멋지게 자원하여 선뜻 십자가를 지지는 못할지라도, 때로는 억지로라도 십자가를 지는 것이 축복이다.'

그렇게 1년의 불순종 뒤 늦은 순종이지만 기존의 본당 건물을 철거하고 본격적인 건축을 시작했는데 어려움이 이어졌다. 자꾸 예상치 못한 문제들이 터지고 손실이 이어졌다. 다 지어놓은 본당의 중층과 4층을 절차상 잘못으로 다 뜯어내야 했다. 돈도 추가로 들어가고, 공사 기간도 예상보다 길어졌다. 낙심도 커졌다.

더 심각한 것은 좁은 교육관에서 숨 막히게 1,2,3부로 이어지는 예배를 드린 뒤, 식사 공간도 없어 식사도 하지 못하게 되고 불편이 커지자 성도들이 하나둘씩 떠나기 시작한 것이다. 교회가 개척된 지 얼마 되지도 않아 아직 애착 관계가 형성되지 않은 데다, 이어지는 건축에 불편함과 부담을 느낀 사람들이 떨어져 나가는 것이었다.

그중에 내가 믿고 사랑했던 가정들이 배신하고 떠나가는 일을 겪으며 상처 입은 나는 목회를 그만두고 싶을 만큼 낙심과 절망이 컸고 공황장애 증세가 심해졌다. 그래도 기도할 때마다 하나님은 새 부대에 새 포도주를 부어주시겠다는 약속으로 위로하시며 건축을 강행하게 하셨다.

매일 이어지는 외부 집회와 방송, 세미나 사역에 성전 건축까지 더해지니 감당할 수 없이 버거워서 오늘 하루만 감당할 힘을 달라고 기도하며 하루하루를 버텼다. 인간적인 약한 생각이 머물지 못하게 오히려 집회 사역을 쉴 틈 없이 늘리고 이어갔다.

이듬해인 2016년 11월, 끝나지 않을 것 같던 건축이 마침내 끝났다. 그때 얻은 교훈이 '고난에는 반드시 끝이 있다'라는 것이다. 고난은 동굴과 같아 보인다. 동굴처럼 캄캄해 보이고, 아무리 걸어 들어가도 끝이 없고 막혀 있을 것만 같다.

그러나 고난은 터널이다. 반드시 그 끝이 열려 있다. 마귀에게 속지 말아야 한다. 마귀는 우리에게 지금 고난이 끝이 없을 것이라고, 아무리 전진하고 나아간들 결국 결말은 동굴처럼 막혀 있을 것이라고 우리를 속여 절망시키려 한다.

하지만 하나님은 끊임없이 우리에게 버티고 견디라 하신다. 고난은 우리를 삼킬 수 없으며, 반드시 끝이 있고 터널처럼 그 결말은 열려 있다 하시며 위로하고 격려하신다. 고난 중에 하나님의 음성을 들어야 한다.

교회가 건축되기를 기다렸다는 듯 교회 앞으로 도로가 확장되어 뚫리고, 교회 바로 앞에 아파트가 세워졌다. 지금 생각해보니 그때가 건축하기 가장 좋은 시점이었다. 조금만 늦었으면 늘어난 차량들과 민원으로 교회 건축이 몇 배나 힘들어졌을 것이다. 마치 홍해의 시련처럼 절망인 것 같지만 실은 그 길이 블레셋과의 전쟁을 피하는 가장 안전한 길이었던 것처럼(출 13:17,18), 하나님께서 명령하시고 시키실 그때가 가장 좋은 때임을 배웠다.

그렇게 울산 변두리 온양 지역에 복음이 들어온 지 100여 년 만에 가장 크고 아름다운 성전이 세워져 하나님께 드려졌다. 건물로서가 아니라 진정한 신앙의 공동체로서 가장 아름다운 성전으로 세워가리라 기도하며, 강단을 나무판으로 덮기 전 내가 서는 강대상 자리에 매직으로 크게 썼다.

'사자처럼 담대하라'

'하나님 주신 말씀 선포하기를 사람 눈치 보며 조금도 머뭇거리지 말라'

아프냐? 그게 바로 내 마음이다

눈물의 쫄면 이후 심기일전하고 새로운 부지에 교회를 건축하여 이전한 기쁨도 잠시, 내 기대와는 달리 목회는 정체되기 시작했다. '홀로 생개척을 해서 6년여 만에 이렇게 건축하여 이전하고 120여 명의 성도가 모였다. 이제 그들과 다시 개척하는 마음으로 시작한다면 아무리 외지고 척박한 환경이라도 무엇이 두려우랴' 생각했는데 그 기대는 깨지기 시작했고 지리한 정체가 이어지고 있었다.

그때까지 우리 교회의 별명은 '전도도 안 하는데 부흥하는 교회'였다. 누군가 우연히 들렀다가 말씀 듣고 그 발걸음을 이어가다가, 주일예배는 자신이 원래 다니던 본 교회에서 드리고, 6개월쯤 새벽기도와 수요예배를 우리 교회에서 드리면 대개 우리 교회로 가족들을 데리고 와 등록하는 구조로 부흥했다.

그런데 그 구조가 무너진 것이 문제였다. 새로운 성전은 예전의 성전보다 더 외곽에 있었는데 우리 교회가 산 두 필지 외에는 전체가 다 풀숲만 우거지고 후미진 곳이었다. 길도 제대로 없고 가로등 불빛 하나, 집 한 채 없이 컴컴해서 우연히 지나가다 들어오긴커녕 일부러 찾아오려 해도 찾기 힘든 곳이었다.

2010년 4월. 이 위기를 돌파하기 위해 약 일주일 동안 금식하며 사람들을 보내달라고 기도하던 어느 날, 나는 마음에 뜨거운 불이 임하는 놀라운 영적 체험을 하게 되었다.

인간의 언어로는 표현이 안 되는 엄청난 통증과 아픔이 느껴지는데 마치 면도날로 누가 내 심장을 막 도려내는 것만 같아서 기도하다가 그만 그 자리에 쓰러지고 말았다. 거의 실신할 만큼 숨이 턱 밑까지 차서 꼴깍꼴깍 넘어가고, 정말 숨이 안 쉬어질 정도로 너무 아팠다.

시간이 얼마나 지났을까…. 정신을 차려보니 온 바닥에 눈물 콧물로 진창이 되어있었다. 내가 왜 아픈지, 내가 왜 슬픈지도 모르는데 하염없이 눈물이 흐르며 아픔만 느껴지는 그때였다. "아프냐?"라고, 육신의 귀에 들리는 음성은 아니지만 성령 하나님의 정말 강력한 음성이 들렸다.

"예, 하나님. 제가 너무 아파서 죽겠습니다."

"그게 바로 내 마음이다. 너, 자식을 잃어버린 아버지의 마음을 아느냐?"

그날 하나님은 내가 숨이 멎을 만큼 아팠던 고통, 창자가 끊어질 듯한 그 고통이 바로 자식을 잃어버린 아버지의 마음이요 자식이 죽어가는 모습을 바라보는 아버지의 심정이라는 것을 가르쳐주셨다. 눈물이 흐르고 가슴이 뜨거워졌다. 잃어버린 자식을 애타게 찾는 아버지의 심장이 나에게 이식되는 듯 느껴졌다. 견딜 수 없이 아팠다.

제가 주님을 춤추게 해드리겠습니다!

나는 하나님을 너무너무 사랑한다. 지금도 우리 교회에서든 집회 가서든 나는 "난 하나님이 원하시기만 하면 내 심장 꺼내드릴 수도 있다"라고 고백한다. 그런 마음으로 열심을 내고 최선을 다했다고 자부했는데, 그때는 내 열심과 열정의 방향이 잘못됐다는 것을 알게 됐다.

그때까지는 기존의 몇 대째 신앙인들이 말씀 듣고 찾아와서 교회가 수적으로 부흥했고, 나는 이렇게 성도들이 몰려들고 교회도 건축 하는 것이 성공이고 하나님의 기쁨이라고 생각했다.

나는 누가복음 15장에서 예수님이 탕자의 비유를 통해 말씀하신 '아버지의 마음'을 알고 있었다. 전도는 교회의 성장을 위한 수단이 아니라, 잃어버린 아들을 찾아 헤매는 '하나님 아버지의 피맺힌 소원'이라는 것을 예전부터 성경 지식으로 알고 이성으로 알고 있었다.

그런데도 나는 그 마음을 내 심장에 담고 목회해본 적이 없었다. 내가 인간적으로 최선을 다했다고 자부했던 그 목회의 햇수 가운데 자식을 잃어버린 아버지의 찢어지는 심장과 애통함으로 목회해본 적은 단 하루도 없었다는 것을 깨닫게 되었다.

누가복음 15장의 그 내용이 가슴 찢어지는 아픔과 함께 비로소 느껴지기 시작했다. 자식 잃은 아버지의 그 피맺힌 소원을 풀어드리는 곳이 교회이며 그 아버지의 은혜를 알고 갚는 자들이 바로 성도라는 것을 깨달으면서 하염없이 눈물을 흘렸다.

회개의 눈물 속에 우리 교회와 내 목회의 현장을 떠올려 보니, 기적과 같은 은혜로 구원받고 살아가는 사람들이 모였으되 몇 대 째 신앙인들이 자기들의 영적 코드에 맞는 신선한 말씀을 찾아 몰려들어 그저 기쁨과 감격만 누리고 있는 영적 유희의 장소, 영적 유람선과 다를 바 없었다.

그렇다! 이것이 문제였다. 교회는 절대로 유람선이 되어서는 안된다. 교회는 죽어야 마땅한 사람들이 기적과 같은 은혜로 구원받고 살아나는 곳이다. 그리고 그들이 하나님 말씀의 은혜로 인공호흡을 받고 정신을 차리듯 영적으로 깨어나면 이제 내 곁에서 그 사망의 음침한 바다에 빠져 죽어가던 사람들이 기억나서 뱃머리를 돌려 그들을 구원하러 가는 구조선의 역할을 감당해야 하는 것이다.

당신의 교회는 어느 순간, 영적 유희를 즐기는 파티장이나 신앙의 놀이터가 되어버리지는 않았는가? 하나님은 무엇으로 기뻐 춤추시겠는가? 자식을 잃어버린 아버지 앞에 산해진미, 세상의 부귀영화, 아무리 좋은 것을 갖다 놓은들 그 아버지가 그런 것으로 기뻐하시겠는가?

전도의 열정을 품었어도 그것이 교회 성장을 위한 수단과 도구로 전락해 버리지는 않았는가? 그것은 결코 건강한 전도의 정신이 아니다. 자식을 잃어버리고 그 자식의 생명을 걱정하며 찾아 헤매는 아버지를 돕는 사람들이 그 잃어버린 자녀(미아)에게 걸려 있는 보상금에 집착하고 관심을 둔다면 그것은 얼마나 무례한 일인가.

그날 나는 펑펑 울면서 하나님께 말씀드렸다.

"하나님, 이제 제 목회는 분명합니다. 우리 교회에 오세요. 그럼 매 주일 제가 하나님 아버지를 춤추게 해드리겠습니다. 잃어버린 하나님의 아들딸 찾아서 그 가슴에, 주님 품에 안겨 드리는 교회가 되겠습니다!"

전도의 불꽃이 튀기 시작하다

'이제부터 나는 하나님의 피맺힌 소원을 이루어 드리는 목사로서 이 교회를 이끌어야겠다. 그래서 매 주일 잃어버린 자녀들을 찾아서 하나님 아버지 품에 안겨드리고 하나님을 춤추시게 하는 교회가 되어야겠다!'

새벽기도 시간에 그 감동을 설교로 전하고, 가만히 있을 수 없어서 그 새벽부터 전도하러 뛰쳐나갔다. 아직 날도 제대로 밝지 않은 미명이었지만 마음이 있으면 길이 보인다고, 그날은 때마침 장날이어서 장이 서고 있었고, 국회의원 선거철이라 선거 운동원들이 이른 아침부터 부지런히 나와 벌써부터 자기 후보를 홍보하며 선거 운동을 하고 있었다. 갑자기 부끄러워졌다.

'정치적 신념으로도, 그리고 아르바이트비 몇 푼 때문에도 저렇게 열심히 한 사람을 알리고 홍보하는데, 나는 나를 위해 십자가에서 죽으시고 영원한 생명을 선물하신 예수님을 전하는 데 얼마나 열심을 내었던가? 저들에게 먼저 전도를 시작하자.'

나는 그들에게 다가갔다.

"나도 당신 지지하는 후보를 찍어줄 테니 당신들도 우리 교회한 번 오세요."

운동원 중 두 명에게 확답과 함께 전화번호를 받았다. 그리고 장터에 있는 상인들과 사람들에게 전도를 이어갔다.

그날 울산에 바람이 엄청나게 불어 비닐하우스가 찢기고 간판이 떨어져 뉴스에 나올 정도였다. 장이 서다가 바람이 너무 심해 파장하게 되었지만 나는 그 바람을 맞으면서 온 동네를 돌아다니며 전도했고 연락처를 받아냈다. 목사 아들로 태어나 전도라고는 한 번도 안 해본 데다가 숫기가 없어 누구에게 먼저 다가가고 말을 거는 일을 죽기보다 더 싫어하는 내가 상가 문을 열고 용감무쌍하게 그들에게 다가섰다.

그날 새벽에 나가 밥 한 끼도 안 먹고 밤늦게까지 온 동네를 돌아다니며 전도해서 교회 나오기로 약속하고 전화번호를 받은 사람만 무려 열 명이나 되었다.

복음화율이 3퍼센트도 안 되는 농어촌 마음에서 열 명을 교회로 데려오면 그중에 여덟아홉 명은 교회란 곳을 난생 처음 들어와 보는 사람들이다. 그런 사람들은 전도하기도 힘들지만 정착률도 높지 않다. 어찌 보면 밑 빠진 독에 물 붓는 것과도 같았지만 그 후로도 한 주도 빼놓지 않고 영혼들을 데려다 앉히면서 지금까지 왔다.

목사가 그렇게 변하고 미친 듯이 전도하러 다니자 성도들도 술렁이며 움직이기 시작했다. 거대한 하나님의 역사에 스파크가 튀기 시작한 것이다.

삶의 기준과 초점을 전도에 맞추다

새벽기도 말씀을 통해 자식을 잃어버린 하나님 아버지의 피맺힌 소원과 마음을 전해 들은 성도들은, 새벽부터 밤까지 전도하는 목사의 변한 모습이 기폭제가 되어 그들 안에서 전도의 열정이 폭발했다. 각자 속한 삶의 자리에서, 그리고 길거리를 다니며 전도지를 돌리면서 복음을 전했다.

영혼 구원에 대한 거룩한 부담감에 어떤 이는 자다가도 벌떡 일어나 그 새벽에 불 켜진 편의점 아르바이트생에게 전도하고, 어떤 이는 길에 택시를 세워놓은 기사님들에게 다가가 피로회복 음료를 건네며 복음을 전했다. 식사도 한 끼 때우는 목적이나 내 기호나 취향대로 맛집을 찾는 것이 아니라 전도 대상자의 식당을 선택해서 계속 방문했다. 삶의 모든 기준이 전도, 전도, 전도였다.

백연화, 유선영 젊은 여집사님 두 분이 초등학생 전도를 위해 동네 초등학교 앞에 '떡볶이 153'이라는 분식집을 차렸다. 좋은 재료와 넘치는 양으로 아이들의 마음을 여니 아이들이 몰려들어 전도

됐지만 그럴수록 오히려 분식집은 적자였다. 돈을 벌기 위해서가 아니라 전도를 목적으로 해서 교회 온다는 아이들에게는 서비스를 아낌없이 퍼주었기 때문이다.

1년여 만에 경영이 힘겨워지자 백연화 집사는 부동산 사무실에 들어가 아르바이트를 하며 거기서 얻은 수입으로 분식집을 운영하고 전도했다. 하나님께서 그것을 어여쁘게 보시고 경험이 전혀 없이 처음 접해본 부동산 업계에서 많은 축복을 허락해주셔서 지금은 그것을 계기로 본인 스스로 천직이라 말할 정도로 행복한 생업이 된 부동산 사무실을 건실하게 운영하며, 내가 작은 교회와 다음세대를 살리기 위해 만든 물맷돌 선교회의 가장 든든한 후원자로 세워졌다.

나는 아내와 함께 길거리에서 사람들이 보이지 않을 때까지 밤늦도록 전도했다. 그냥 전도지며 물티슈를 돌리는 것이 아니라 안 되면 길거리에서 무릎을 꿇더라도 아버지의 마음을 전하려고 애썼다.

밤낮 가리지 않고 전도하느라 너무 무리했는지 한번은 둘 다 몸살이 나서 병원에 갔다. 진료를 기다리면서도 전도를 하는 서로의 모습에 웃음이 터졌다. 그런데 거기서 반가운 사람을 만났다. 처음 개척하러 이곳에 내려와서 몇 년 동안 단골로 다니던 미용실의 미용사 '영자 이모'였다.

그녀는 늘 밝고 친절해서 사람을 행복하게 해주는 사람이었는데 어느 날부터 미용실에서 보이지 않았다. 언니였던 원장님에게 물어보니 결혼한 지 몇 년이 되도록 아기를 갖지 못해 시험관 시술을 몇 차례 시도했지만 그마저도 실패해서 당분간 일을 그만두고 쉰다는 것이었다. 그때 나는 마음이 아파서 그녀를 위해 3일 금식을 하며 "영자 이모가 꼭 아기를 갖게 해주세요" 하고 하나님께 간절히 기도했다.

그런데 몇 년 만에 병원에서 만난 영자씨의 팔에 두 아기가 안겨 있었다. 쌍둥이였다. 그때 시험관 시술에 성공해 낳은 두 딸아이를 데리고 병원에 온 것이다. 너무 행복하고 기뻐서 축복해주며 내가 그때 금식기도 하며 아기 갖기를 기도했다고 말하니 감동해서 교회에 나오기 시작했다. 지금은 우리 교회 집사가 되었고 내 전담 헤어스타일리스트가 되어 있다.

모든 정신과 생각이 전도에 맞춰지고 집중하니 모든 사람이 전도 대상자로 보이고 또 만남과 관계가 풀리고 열리는 것을 경험했다. 매 주일 사람들이 몰려왔고, 교회는 앉을 자리 없이 가득 차서 기존의 성도들은 서서 예배드리거나 1부 예배로 흩어져서 드려야 했는데도 컨테이너 박스까지 가득 차서 예배를 드렸다.

그 소문이 알려지고, 나는 쏟아지는 집회 요청 세례에 2012년 4월부터 전국 팔도를 돌며 하나님 아버지의 피맺힌 소원 '전도'를 외치고 또 교회를 건강하게 세우고 회복시키는 말씀을 전하며 부흥회 강사로 매일 매일 바쁘게 지금껏 행복하게 살고 있다.

chapter 12

하나님의 기쁨, 하나님의 시선

우리가 꿈꾸는 진정한 부흥

새로운 성전에서 사자후를 토하듯 하나님의 말씀을 가감 없이 선포했다. 오직 하나님께서 기뻐하실, 시대를 향한 하나님의 뜻을 전했다. 내가 사람들에게 말씀을 전하고 있지만 나는 하나님 앞에 서 있다는 것을 잊지 않고 지금 하나님께서 기뻐하실, 하나님께서 원하시는 말씀을 전했다.

> 이제 내가 사람들에게 좋게 하랴 하나님께 좋게 하랴 사람들에게 기쁨을 구하랴 내가 지금까지 사람들의 기쁨을 구하였다면 그리스도의 종이 아니니라 갈 1:10

어찌 보면 사람들의 마음은 불편하고 시대가 거부감을 가질 수 있겠지만 하나도 두렵거나 걱정되지 않았다. 오히려 그렇게 마음껏 하나님 말씀을 전할 수 있는 것이 행복했다. 예배는 하나님의 은혜로 살아 역동했다.

이상한 일들이 벌어졌다. 건축 중에 성도들이 절반 이상 빠져나가 휑한 빈자리가 한 주 한 주 채워져 가기 시작했다. 멀리서 말씀을 듣고 찾아오는 분들이 대부분이었다. 한 시간 두 시간 거리를 마다하지 않고 말씀의 현장으로 달려오는 성도들 가정이 너무 고마웠고 행복했다. 그런 성도들의 열정들이 더욱 말씀 준비에 철저하게 해주는 도전과 원동력이 되었다.

2012년 4월부터 8년 넘게 거의 매일 외부 집회가 이어지고 있는데 나는 지금도 하루에 한 끼만 먹으며 숙소에서 나가지 않는다. 기도와 말씀 준비, 독서의 시간을 확보하기 위해서이다.

전하는 자는 듣는 자나 늘 주일이 기다려지고, 매 주일예배는 천국처럼 행복하다. 성도들은 이것이 천국이라 감격하며 눈물 흘린다. 그러니 멀리서 오시던 분들이 새벽기도까지 달려와 참석하기 시작했다. 그렇게 1년 정도 다니면 어떻게 되겠는가? 지치기 시작한다. 불편함을 느끼게 된다. 그러면 다음 장면은 뻔하지 않은가? 교회를 떠나고 옮기는….

그런데 행복한 반전이 일어난다. 불편하고 힘들어서 이제 더 이상 올 수 없게 되고 떠나는 것이 아니라, 아예 교회 주변으로 이사를 오는 것이다. 오직 교회 때문에, 그 하나의 이유로 수십 가정이 교회 주변에 생긴 아파트와 인근의 집들로 이사를 왔다. 그것을 훈

장처럼 자랑스러워하고 기뻐했다. 이제 우리 교회는 그런 모습이 당연해져서, 멀리서 오는 분들에게 첫 인사가 "언제 이사 오실 거예요?"가 되어버렸다.

매 주일 유튜브 설교 영상을 통해 수천 명이 함께 은혜를 받고, 매 주일 전국에서 감사의 고백과 기적 같은 회복의 소식들이 전해져온다. 또 직접 찾아와 함께 예배를 드린다. 교회에 방문하는 사람들은 누구라도 성도들의 행복한 모습, 살아 있는 예배에 감격한다.

그렇다고 아무나 다 환영하고 등록을 허락하는 것은 아니다. 말씀의 은혜를 정말 간절히 사모하여 혈루증 걸린 여인처럼 은혜의 옷자락을 붙잡으려 몸부림치거나 수로보니게 여인처럼 개처럼 여기서도 좋으니 상에서 떨어진 부스러기 은혜라도 달라고 엎드리는 겸손함이 있다면 당연히 환영이다.

하지만 교회와 말씀을 쇼핑하듯 기웃거리며 하나님 편에서 볼 때 유익이 되지 않는 수평이동을 하는 자들은 단호하게 거절하고 받아주지 않는다. 우리는 숫자에 연연하지 않는다. 오로지 하나님 편에서 하나님께서 기뻐하시고 하나님께 유익이 되는 쪽으로만 모든 것을 결정한다. 양적 부흥이 아니라 진정한 교회다움의 회복이라는 부흥을 꿈꾸기 때문이다.

하나님께서 기뻐하시는 교회

매년 표어가 바뀌기는 하지만 우리 교회의 전체 모토는 "Back to the Basic"(본질로 돌아가자)이다. 나도 "정말 예배는 무엇인가. 기도는 무엇인가. 설교는 무엇인가" 하며 본질을 자꾸 되뇐다. 우리 교회는 본질을 추구하고 본질을 붙잡으려고 노력한다.

우리 교회는 예배에 목숨 걸고 말씀에 목숨 거는 교회이다. 개척 때부터 지금까지 특별한 전도 프로그램이나 양육 프로그램 등 어떤 조직적인 프로그램도 없다. 오직 모든 사역의 최우선이자 중심에 예배를 두었고 목사인 나도 오직 설교 준비에 목숨을 걸었다. 그저 예배 하나인데 그 예배 안에서 오신 분들이 은혜받고 회개하고 예수님을 영접하고 회복되는 일이 다 일어난다. 본질에 충실했더니 교회가 부흥하게 되었다.

최근에 새가족 환영 때 한 분이 "우리 교회는 목사님이 사람 비위를 맞추는 말씀은 하지 않고 하나님 비위를 맞추는 말씀만 하시는 것 같다"라는 얘기를 했다. 그렇다. 나는 하나님 비위만 맞춘다. 내가 사람의 비위를 맞추고 사람들을 좋게 했다면 더 많은 사람이 모여 앉아 있었을 것이다. 하지만 나는 하나님만 신경 쓴다. 그것이 내 목회 이념이고 설교의 모토이다.

시대에 타협하고 사람의 비위에 맞추지 말고 오직 하나님께서 주시는 말씀과 부르신 소명대로 두려움 없이 나아가면 하나님께서 맡기려고 예비하신 영혼들은 반드시 찾아온다. 어디든 광야 그

벌판에도 예수님의 말씀이 있는 곳에 오천 명이 넘는 회중들이 몰려왔던 것처럼 말씀만 살아 있으면 사람들은 찾아오기 마련이다.

우리 교회는 교회 예산도 지금껏 한 번도 세워본 적이 없다. 예산이라는 틀에 맞추어 살림을 살아가고 지출하는 것이 아니라 하나님께서 명하시고 성령님이 감동 주시면 어떤 선교든 어떤 행사나 지출이든, 그때그때 성도들에게 선포하고 무조건 그 일을 감당한다.

그런데 한 번도 재결산에서 구멍 난 적이 없고 재정이 부족했던 적도 없다. 인간의 계산으로는 도저히 불가능하고 말도 안 되는데 하나님께서 일하시니 다 채우시고 공급하심을 경험한다. 그러니 우리 교회 공동체의 믿음과 하나님의 역사에 대한 신뢰는 더욱 확고해지고 다음 순종과 헌신은 더 수월해지며, 그러니 또 하나님의 역사를 맛보고 은혜와 축복을 받는다.

은혜와 믿음에도 부익부 빈익빈 현상이 뚜렷하다. 처지를 계산하고 형편에 타협하며 상황에 굴복한 불순종은 은혜를 침체시키고 축복의 통로를 막는다. 그러니 그다음 헌신과 순종은 더욱 어려워지고, 그러니 더 열악해진 상황과 처지, 형편에 또 불순종하게 된다. 신앙은 더 침체되고 믿음은 약해진다. 축복의 기회도 잃어 상황은 더욱 어려워진다. 이런 악순환이 반복된다.

한 번은 끊어야 한다. 모험을 감행해야 한다. 한 번 상황과 처지를 이기고 형편을 뛰어넘어 "죽으면 죽으리라" 순종하면 그로 인해 믿음은 더욱 강해지고 은혜는 풍성해진다. 하나님께서 주시는 축복을 누림으로 다음 순종은 더욱 쉬워진다.

한 번 이 맛을 알고 몇 번만 이 맛을 누리면 이제 순종과 헌신이 중독된다. 어떤 상황도 꺾을 수 없는, 어떤 협박도 굴복시킬 수 없는, 어떤 달콤한 유혹으로도 흔들 수 없는 믿음이 된다.

우리 교회의 혹독한 신앙훈련, 목숨 건 예배, 주일학교부터 청년까지 강력한 신앙교육, 헌신의 모습에 너무 급진적이라거나 강해서 못 견디겠다며 떠나는 이들도 있다. 하지만 놀라운 것은 이 시대에도 이런 불편하고 거북한, 급진적이고 강력한 신앙과 영성을 갈구하는 수많은 성도가 있다는 것이다. 나는 이런 우리 성도들을 사랑하고, 하나님께서 우리 교회의 이런 모습을 기뻐하신다는 생각이 든다.

시퍼렇게 살아계신 하나님

'시퍼렇게 살아계신 하나님'이 어느새 나의 트레이드 마크처럼 되어 버렸다. 어떻게 나같이 초라하고 보잘것없는 자가 하나님의 살아계심을 선포하고 증거하는 설교자가 되었는지 모르겠다.

우리 교회는 울산 외곽에 있어 시내에서 차로 부지런히 달려도 30-40분은 걸린다. 농촌 마을에다가 사람들이 찾기 쉽지 않은 곳인데도 주 하나님의 살아계심을 눈으로 보고 맛보겠다고 전국 각지에서 우리 울산온양순복음교회를 찾아오는 많은 목사님과 성도들을 보면 참 신기하고도 행복하다.

내가 다른 이유로 사역이 분주해지고 찾는 이가 많아졌다면 이렇게 행복하진 않을 것이다. 하지만 쓰레기 같던 내가 하나님의 살아계심을 증거하는 간증의 도구로 사용되고, 시골의 우리 교회가 하나님의 살아계심을 체험하기 원하는 이들이 찾는 곳이 되었다는 것이 참 행복하다.

우리 하나님은 지금 이 순간에도 시퍼렇게 살아계신다. 예나 지금이나 동일하게 나의 삶 중에 역사하고 계신다. 그런데 어느 때부터인가 우리 삶과 신앙에서 살아계신 하나님의 역사가 잘 보이지 않고 우리 신앙의 선배들이 누렸던 체험적 신앙들이 전설처럼 우리 삶 중에서도 사라지고 있다.

왜 그럴까? 하나님의 능력이 예전만 못하시거나 인색해지셔서 주시지 못하는 것이 아니라 우리 신앙생활의 목적이 잘못되어서 그런 것은 아닐까? 우리가 하나님과 전혀 상관없는, 하나님의 뜻과 전혀 무관한 것들만 구하고 바라고 있어서 그런 것은 아닐까?

우리 삶의 궁극적 목적이 무엇인가? 바로 하나님을 영화롭게 하는 것이 아닌가? 이것을 잊지 말아야 한다. 신앙생활의 목적은 하나님을 영화롭게 해드리기 위해, 하나님을 기쁘시게 해드리기 위해서 그분의 뜻과 마음을 알고 헤아리는 것이다.

그런데 우리의 신앙이 점점 변질되고 있다. 하나님을 영화롭게 하는 것이 아니라 나의 영광과 영화로움을 위해 하나님이 필요한 신앙이 되어버렸다. 하나님의 뜻과 마음에 합한 순종과 헌신의 삶, 사명자의 삶을 살아갈 때 하나님은 우리를 통해 기뻐하시고 나 또한 진정한 행복을 누릴 수 있다.

돈이 있으면 행복한가? 세계적인 부호 애플사의 창업자 스티브 잡스도 그 많은 돈을 두고 허망하게 세상을 떠났다. 안타까운 일이지만 우리나라 최고의 부자인 이건희 회장님도 20조의 돈을 소유하고도 수년째 병상에 누워 우리가 누리는 일상의 소소한 행복도 누리지 못하고 있다. 돈이 참된 행복의 조건이 아님을 보여주는 시대의 설교인 셈이다.

부와 명예, 인기와 권력을 누리던 분들도 허망하게 스스로 목숨을 끊은 일이 전 세계적으로도 우리나라에도 얼마나 많은가? 그것들도 참된 행복을 선물해주지 못한다는 것이다. 참된 행복은 우리가 창조되고 구원받은 하나님의 목적대로 살아갈 때만 누릴 수 있다.

꽃길보다 꿈길을 가라! 지금 당장 보이는 눈앞의 편안함과 안정된 꽃길보다 하나님께서 명령하고 보여주시는 사명의 꿈길을 선택하라! 그 길이 지금은 두렵고 손해 같고 모험처럼 느껴지더라도 꿈길을 걷다 보면 그 꿈길이 결국은 꽃길이 된다.

아버지의 40년 목회 현장에서, 나의 목회를 통해, 그리고 수많은 교회로 집회를 다니며 느끼고 확실히 배운 점은 우리 하나님은 정확하신 분이라는 것이다. 때로는 두려울 만큼 정확하시다.

잠시 잠깐은 불신앙과 내 생각대로 선택하고 결정한 길이 유익처럼 보인다. 순종과 신앙의 결단은 항상 손해인 것처럼 보이지만 장기적이고 거시적인 시선으로 봐야 한다. 단기적으로 볼 때 순종은 반드시 손해이다. 하지만 장기적인 긴 시선으로 보면 절대로 믿음이 실패하거나 순종이 손해로 끝나지 않는다. 믿음은 반드시 이기고, 순종은 반드시 축복으로 언젠가 열매 맺는다.

오늘 나의 순종과 헌신에 열매가 없어도 실망하지 마라! 실패가 아니다. 뿌리 내리는 중이다. 내 인생이 아니어도 내 자녀들의 삶, 내 자손들의 삶 그 어느 시점에서 내 수준을 뛰어넘는, 상상도 못할 수준으로 하나님의 축복의 열매를 거두리라!

내 생각대로 되지 않는 건 참 멋진 일이다!

볕이 좋은 어느 날 교회 인근 논길을 걸으며 산책하고 있었는데 문득 내 모습에 자꾸 웃음이 났다. 내 생각대로 내 뜻대로 된 것이 하나도 없는 듯 보였다.

'어쩌다 내가 경상도에서 살고 있지?'

나는 평생 충청도에서 살면서 이 낯선 경상도에서 살게 될 것이라는 생각은 단 한 번도 해본 적이 없다. 그런데 벌써 경상도에 내려와 산 지 16년이 넘었다. 이미 경상도는 내가 내 인생에서 가장 오래 산 곳이 되었다.

'내가 시골 마을에 살고 있다니….'

영국 런던, 일본 오사카, 그리고 서울에서 공부하고 살던 내가 이 시골 마을에 살며 이 한적한 삶이 익숙해진 것이 너무 낯설고 웃음이 났다. 도시의 화려함과 편리함이 익숙했던 나는 이제는 서울에 가면 오히려 차가 가득해 막히는 도로와 오염된 공기, 복잡함과 여유 없음에 가슴이 답답해진다.

'내가 목사가 되다니….'

죽어도 목사는 되기 싫었던 내가, 그래서 그렇게 도망치며 요나처럼 살았던 내가 이렇게 목회하며 목사님이라 불릴 때마다 아직도 신기하기만 하다.

'내가 순복음교단 목사가 되다니….'

감리교단 목사이신 아버지 밑에서 감리교단만 섬기던 내가 하루도 다녀본 적이 없는 순복음교단의 목사가 되어 사역하는 것도 참 기적 같은 일이다.

'어쩌다가 내가 부흥사가 되어 이렇게 하루도 쉼 없이 바쁘게 전국을 누비게 되었지?'

나는 조용히 책 읽고 사색하는 것을 좋아하고 사람 만나는 것을 그리 좋아하지 않는 편이다. 개인적으로 부흥회를 별로 좋아하지 않으며 아버지 목회 현장에서도 부흥회를 경험한 적이 별로 없다. 그래서 정작 우리 교회에서는 부흥회 경험이 거의 없다. 그런 내가 부흥사가 되어 전국을 넘어 세계 각국을 누비며 말씀 사역, 부흥회 사역을 하면서 살아가는 것이 신기할 뿐이다.

'내가 부산 여자랑, 그것도 선을 봐서 결혼하다니?'

매 주일 오후, 주일예배를 마치고 집회를 떠나서 토요일이 되어 집에 돌아오면 내 집인데도 낯설 때가 많다. 분명 내 집인데 들어가 보면 부산 여자 한 명과 울산 아이 세 명이 모여 경상도 사투리로 시끌벅적 대화 중이다. 우리 집에서 경상도 사투리를 나만 못 쓴다.

정말 내 뜻대로 내 생각대로 된 것이 아무것도 없었다. 한참을 내 삶을 돌아보며 웃음 짓는데 어느새 그 웃음이 눈물로 바뀌고 있었다.

'내 생각대로 된 것이 정말 하나도 없네…. 그래서 참 감사하다! 그래서 참 행복하다!'

루시 모드 몽고메리의 소설 《빨간 머리 앤》에서 앤이 이런 말을 한다.

"내 뜻대로 되지 않는다는 건 참 멋진 일이에요 왜냐하면 내가 생각하지도 못했던 일들이 일어나곤 하거든요."

맞는 말이다. 때로 내 생각이 무너지고 내 계획이 틀어지지만 내 수준을 뛰어넘는, 기대 이상의, 아니 기대조차 할 수 없었던 회복과 성취가 이루어지는 하나님의 멋진 일들이 얼마나 많은가?

우리는 내 생각대로 내 계획대로 되는 것이 축복이고 은혜라고 생각한다. 그런데 만약 내 뜻과 계획대로 다 됐다면 내가 지금 어떤 모습으로 살고 있었을까? 그냥 어느 대기업의 부장쯤 되어 있었을 테고, 사람들도 나도 그것이 내 인생의 가장 큰 축복이라고 믿으며, 아니 착각하며 살고 있었을 것이다. 지금 하나님께서 내게 주신 기쁨과 행복, 풍성함과 존귀함에는 비교도 될 수 없는 것들을….

그날 나는 내 인생을 되돌아보다가 가슴을 쓸어내리며 고백했다. 그때 내 계획과 내 뜻이 이루어지지 않아서 오히려 놀라운 하나님의 역사와 축복을 경험하게 되었으니 정말 내 생각대로 되지 않는 건 참 멋진 일이라고.

1인칭 주인공 시점에서 전지적 작가 시점으로

'수'(手)라는 단어가 있다. 바둑이나 장기를 둘 때 한 번씩 번갈아 두는 횟수를 세는 단위이기도 하고, 바둑이나 장기를 두는 기술이나 그 기술의 수준을 나타내는 말이다. 동네 바둑 두는 사람들은 한 수를 둘 때 서너 수 정도를 보는데, 프로 9단을 만났을 때 물어보니 그런 고수는 돌 하나를 놓을 때 무려 55수를 내다본다고 한다.

프로 9단들은 대마를 잡기 위해서 몇 번은 일부러 먹힐 수를 두기도 한다. 그런 프로 9단이 동네 바둑 두는 아마 3, 4급에게 "거기 아냐, 여기다 둬" 하면 그게 이해가 되겠는가? 그 말대로 두었다가는 이쪽이 다 먹힐 것 같고 내가 질 것 같아서 안 된다고 바둥거리는데 나중에 결과를 보면 대마를 싹 잡아먹는 것이다.

하나님의 수가 그와 같다. 그분이 우리 삶에 훈수를 두실 때, 우리와 수준이 다르고 차원도 격도 다른 그분의 수를 우리같이 허접한 하수는 도저히 이해할 수가 없다. 아마 3, 4급이 프로 9단의 수를 이해 못 하는 게 당연한데, 우리는 당연하게 여기지 못하고 이해시켜달라, 내 수준에서 역사해달라고 한다. 내 수준에서 역사하는 분이라면 이미 하나님이 아니신 것이다.

우리 인생이 내 뜻대로 내 생각대로 되지 않음이 감사한 것은 하나님께서 우리를 향해 우리보다 훨씬 더 큰 계획과 위대한 목적을 갖고 계시기 때문이다. 때로는 내 계획이 꺾이고 내 예상이 빗나가고 내 기도가 응답되지 않을 때 그것은 오히려 수준이 다르고 차원이 높은 하나님의 놀라운 역사, 아름다운 계획이 시작되는 것일 수 있다. 그것을 세상 사람들은 '신의 한 수'라고 부른다.

요셉의 삶을 보라. 열일곱 어린 소년이 감당할 수 없는 깨어짐과 상처의 연속 아닌가? 그의 행복과 안락함은 사랑하는 형제들의 손에서 채색옷이 갈기갈기 찢어지듯 찢겼다. 사랑받던 부잣집 도련님이 천리타향 낯선 애굽에 노예로 팔려왔다. 당시 노예는 두 발 달린 짐승이라 불릴 만큼 생명권도 주인에게 있는 주인의 소유물이었고, 정말 짐승 같은 처참한 신세였다.

언어도 익히고 성실히 일하여 주인의 신임이 두터워지고 집안의 총무가 되어서 이제 잘하면 휴가라도 받아 아버지 돌아가시기 전 얼굴이라도 한 번 뵐 수 있을지도 모른다는 기대감이 생길 법한 그때, 갑자기 주인아주머니의 무고(誣告)로 억울하게 성폭행범의 누명을 쓰고 감옥에 갇힌다. 정말 내 뜻대로 내 생각대로 되지 않는 실패와 억울함과 고독과 배신감에 치를 떨었을 것이다.

그러나 우리는 그 이야기의 결말을 알고 있다. 성경을 통해 그의 인생을 전지적 작가 시점에서 바라보면 그것은 실패가 아니었다. 그는 억울하고 절망의 시간인 줄 알았지만 실은 하나님의 섭리대로 순항하고 있었다. 그가 상상도 못 할 대제국 애굽의 총리가 되게 하시려는 하나님의 계획에 따라 가장 빠른 지름길을 걷고 있었던 것이다.

지금 당신의 삶은 어떠한가? 기대하며 애지중지 키운 자녀가 내 뜻대로 올곧게 성장하지 않고 어긋나고 있어 가슴이 찢어지는가? 욥처럼 하루아침에 모든 풍족함을 잃고 빈털터리로 주저앉아 눈물을 쏟고 있는가? 믿었던 사람에게 배신당해 이를 갈며 해결되지 않는 분노에 가슴이 타들어 가는가? 진로가 막혀 막막하고 어디로 가야 할지 다가올 내일과 다가올 미래가 불안한가? 갑자기 찾아온 사고나 질병으로 가슴이 먹먹하고 받아들이기 싫을 만큼 억울한가?

아직 끝나지 않았다. 이것을 굳게 믿어야 한다. 당신의 시점으로 보면 지금은 눈앞이 캄캄하고 포기해야 할 것 같겠지만, 눈물이 흐르고 억울하고 답답하여 한 걸음도 내디딜 힘이 없겠지만, 하나님께 섭섭하고 원망과 불평이 나올 수도 있겠지만 지금은 절망할 때가 아니다. 실패라고 단정 짓고 실망하고 혈기 내고 분노할 때가 아니다.

내 수준으로 상상하지도 못할 하나님의 놀라운 '신의 한 수'를 기대하고 설레어야 할 시간이다. 하나님의 시선으로 인생을 바라보면 지금은 과정이며 이제 역전하고 회복할 일만 남았음을 알게 될 것이다. 이 글이 당신의 영안을 열어 당신의 1인칭 주인공 시점, 절망의 시선이 전지적 작가 시점, 하나님께서 보시는 희망의 시선으로 관점이 바뀌는 기회가 되기를 소망한다.

당신의 인생은 아직 진행 중이다.

Keep Going!

PART

4

우리 삶의 여정 가운데 만나게 되는 한계가 있다. 이제 더는 한 걸음도 앞으로 내디딜 수 없는 육적, 심적 한계에 부딪힐 때가 온다. 누구 하나 의지할 수 없이 눈물만 나고, 거친 숨 내몰아 쉬며 겨우 버티고 있는, 숨이 꼴깍꼴깍 넘어가 턱 밑까지 차오르는 순간이 있다.

인생에도 목회에도 그 힘겨운 오르막길을 올라가며 '이것이 나의 한계인가?', '이 정도면 최선을 다하지 않았나?', '이제 그만두고 싶다' 생각하며 이제는 포기하고 싶은 그런 순간이 있다.

혹시 지금 당신이 더는 한 걸음도 뗄 수 없는 그런 고단한 삶의 현장에 있다면 시퍼렇게 살아계신 우리 하나님이 이 글을 통해 당신에게 들려주시는 위로의 음성과 간절히 외치시는 도전의 명령에 귀 기울일 수 있길 바란다.

"KEEP GOING!"

"그래도 계속해! 계속해! 더 전진해! 힘내서 한 발 더 내디뎌!"라고 격려하고 응원하시며 당신의 지친 어깨를 토닥이는 위로의 손길이 이 책을 통해 전해지길 소망한다.

아무리 지치고 포기하고 싶어도 포기할 수 없는 넘어져도 또 일어나 끊임없이 다시 도전하며 나아가야 할 우리 인생과 신앙의 푯대는 무엇인가?

chapter 13

예배

쇼하지 말고 예배하라

신종 코로나바이러스 감염증(코로나19) 확산이라는 국가적 재난 속에서 우리 가슴을 찢는 가장 큰 고통은 성전 문이 닫히고 예배가 축소되며 함께 모여 예배드릴 수 없게 된 것이다. 기독교 역사 이래 처음으로 성전 문이 닫히고 교회가 폐쇄되어 성도가 함께 모여 예배드리지 못하는 전대미문의 영적 위기와 영적 재난을 목도했다.

마지막 때가 되면서, 그동안 우리가 편하게 드렸던 그 예배가 실은 당연한 것이 아니었음을 알게 된다. 그리고 앞으로 더욱 그러한 시간을 준비해야 할 수도 있다. 코로나19 사태뿐만 아니라 언제 어떤 상황과 처지에서도 우리는 주님과 일대일로 만날 수 있는 준비가 되어 있어야 할 것이다.

교회가 바이러스 확산의 통로인 것처럼 비난받고 조롱받는 시대적 분위기 속에서 세상을 향해 분노하기 전에 지난날 우리의 신앙과 예배 모습은 어떠했는지 점검해보아야 한다. 지금껏 예배를 습관적으로 드려온 모습이 있다면 회개하여 다시 진정한 예배가 회복되어야 한다.

쇼하지 말고 진정으로 예배하자! 쇼는 사람의 눈을 의식하지만 예배는 온전히 하나님만 바라보고 하나님만 향하는 것이다. 형식적으로 쇼하고 꾸미고 포장하는 것이 아니라 진정 예수님을 지향하고 전심으로 하나님께 참된 워십(worship)을 드려야 한다. 사람의 눈에 보이려는 위선적 행위와 형식적 종교의식을 하는 것이 아니라 하나님과의 진실한 교제가 회복된 진짜 예배를 드려야 한다.

공연하지 말고 진정으로 찬양해야 한다. 공연은 사람을 향하고 나를 드러내고 내 솜씨를 뽐내는 것이지만, 찬양은 하나님께 드리며 하나님의 영광을 드러내는 것이다. 그렇다면 당신은 공연단이었는가 찬양단이었는가?

연설하지 말고 설교해야 한다. 연설과 강연이 사람을 향해 그들의 마음을 움직이는 것이라면 설교는 하나님께서 이 시간에 시대와 회중에게 하고 싶으신 말씀과 하나님의 뜻을 선포하고 전하는 것이다. 그러니 사람에게 욕을 먹고 인기가 떨어져도, 때로는 말씀 때문에 인간관계가 틀어지고 누군가가 교회를 떠날지라도 그 말씀이 하나님의 뜻이라면 전해야 하는 것이다. 그렇다면 당신은 강연자인가 설교자인가?

말라기 말씀처럼 훔친 것, 흠 있고 병들고 온전치 않은 제물로 형식적으로 예배하던 이스라엘 백성들에게 진노하셔서 "성전 문을 닫을 자가 있었으면 좋겠다"(말 1:10) 하신 하나님의 음성을 들으며, 무너진 예배로 인하여 통한(痛恨)하시는 하나님의 슬픔을 느끼는 시간이 되기를 소망한다.

광야 주일

우리 교회만 봐도 예배가 너무 화려하고 현란해졌다. 물론 시대의 흐름을 따라 최고의 기술과 효과로 하나님을 예배하는 것이 잘못된 것은 아니다. 하지만 화려한 조명과 현란한 악기들, 짱짱한 음향, 거기다가 요즘 필수가 되어버린 선명한 LED 화면으로 연출된 분위기와 감동이 은혜로 혼동되어서는 안 될 것이다.

옛날에는(어쩔 수 없이 나도 꼰대가 되어가나 보다) 부흥회 때 큰 북하나만 치고 손뼉이 터져라 박수를 치면서도 큰 은혜를 누렸다. 그런데 만약 우리 시대의 예배자들에게 제공되던 이 호화로운 시스템의 스위치를 내려버린다면 우리는 지금처럼 예배의 은혜와 감격을 누릴 수 있을까?

하나님을 찬양함과 경배함에 있어서 우리는 어떤 환경, 어떤 조건에도 흔들림 없이 하나님을 만나고 그분의 만지심을 경험할 수 있어야 한다.

우리 교회의 별명은 '예배에 목숨 거는 교회'이다. 우리 교회는 가끔 예배 분위기가 흐트러지거나 전심으로 예배하지 않는 것이 느껴질 때 '광야 주일'을 선포한다. 설교자의 마이크를 제외한 모든 음향과 영상 시스템을 꺼버린다. 조명을 끄고 모든 반주도 멈추며 찬양 가사도 영상으로 띄우지 않는다.

그러면 성도들은 일일이 찬송가를 찾아서 보고, 오직 손뼉만 치며 전심으로 찬양한다. 그렇게 찬양하다 보면 어느새 성도들 눈에서 눈물이 흐르고 자녀들도 더욱 예배와 말씀에 집중한다.

너무 풍요한 것이 꼭 축복인 것은 아니다. 진정한 축복은 풍요함 속에서도 익숙해지거나 안이해져서 본질을 잃어버리는 일 없이, 소중한 것을 소중하게, 가치 있는 것을 가치 있게 여기며 지켜낼 때만 누릴 수 있는 것이다.

예배는 나 따위가 훼손할 수 있는 것이 아니다!

어릴 때부터 교회에서 보던 끔찍한 모습들이 있다. 소위 시험 든 성도들이 예배 시간에 그 불편한 감정을 표나게 드러내는 것이다. 예배가 무엇인가? 내가 하나님께 제물이 되어 드려지는 시간이 아닌가?

그러므로 형제들아 내가 하나님의 모든 자비하심으로 너희를 권하노니 너희 몸을 하나님이 기뻐하시는 거룩한 산 제물로 드리라 이는 너희

가 드릴 영적 예배니라 롬 12:1

옛날에는 나를 대신하여 나의 죄를 전가(轉嫁)해서 소와 양이나 염소를 제물로 드렸다면 이 시대의 예배는 내가 드려지는 것이다. 나를 드리는 것이 예배라면 나를 어떻게 드려야 하는가. 내 생각을 드리고 내 계획을 드리고 내 자존심과 감정까지도 하나님께 드릴 수 있어야 한다. 내 생각과 내 뜻, 내 계획, 내가 느끼던 이해, 이 모든 것들을 하나님의 기준으로 맞춰가는 것이 예배이다.

내가 제물로서 하나님께 드려지고 바쳐지기에 예배드리는 내 마음은 흠 없어야 한다. 그런데도 못난 성도들은 겁 없이 예배 중에 자기감정을 노골적으로 드러낸다. 내 마음이 예배드리기에 아직 미흡함을 들킬까 두려워하며 숨기려고 노력해도 부족한데 오히려 목사와 성도들이 자기감정이 불쾌하고 시험 들었음을 알아차리지 못할까 봐 걱정되는지 삐딱하게 앉아서 더 눈을 흘기고 씩씩댄다.

지금은 우리 교회 예배 중에 그런 일이 통 없어 감사하지만 개척 초기만 해도 이런 일이 빈번했다. 작은 개척교회, 어린 목회자이니 아마 더 그랬으리라⋯.

나는 목회를 안 하면 안 했지, 아니 성도가 다 떠나가 한 사람도 안 남을지라도 그런 꼴은 절대 못 본다. 용납할 수가 없다. 그것은 이 예배를 받으시는, 시퍼렇게 살아계신 하나님에 대한 경거망동이요 너무도 큰 죄악이기 때문이다.

만약 예배가 조금이라도 흐트러지고 전심으로 예배하지 않으면, 자기감정과 개인적인 상황을 예배에 개입시키고 예배를 훼손시키는 자들이 발견되면 나는 예배를 중단하고 전 교인과 함께 가슴에 손을 얹고 큰소리로 외친다.

"예배는 나 같은 것 따위가 훼손할 수 있는 것이 아니다!"

내가 먼저 선창하면 교인들이 모두 함께 따라 외친다.

"예배는 나 같은 것 따위가 훼손할 수 있는 것이 아니다!"

10분이 됐든 30분이 됐든 계속 반복해서 외친다. 끝나는 것은 둘 중 하나이다. 예배를 제대로 드리지 않고 있던 자들이 눈에 힘 풀고 다시 겸손한 예배자의 모습으로 돌아오든지, 아니면 일어나 교회를 나가든지. 둘 중 하나가 될 때까지 외치고 또 외친다.

"예배는 나 같은 것 따위가 훼손할 수 있는 것이 아니다!"

"분위기 파악을 잘하자!"

"주제 파악을 잘하자!"

회개의 눈물이 흐르고 다시 진정한 예배를 드릴 준비가 될 때까지 계속된다. 이 모습을 처음 보는 사람들은 당혹스러움을 감추지 못한다. 어떤 사람은 "젊은 목사가 싸가지 없이 아버지뻘 되는 성도들을 일으켜 세우고 망신을 준다"라고 대놓고 욕을 하기도 한다.

하지만 그것은 엄청난 오해이다. 성도들이 내 앞에 숙이고 용서를 구하는 것이 아니다. 크고 위대하신 하나님께 하는 것이다. 그리고 이것은 바로 하나님을 하나님답게 대하는, 하나님께 하나님 대접해드리는 아주 당연한 모습인 것이다.

우리 성도들에게는 목사를 하나님의 사자로서 존경하고 하나님의 말씀을 하나님의 말씀으로 들으며 하나님을 하나님 대접해드리는 데 모든 권위를 내려놓을 수 있는 용기가 있다. 나는 그래서 우리 교회 성도들을 누구보다 사랑하고 존경한다.

제물은 확실하게 죽어야 한다

다시 한번 말하지만, 예배는 내가 제물로 바쳐지는 시간이다. 제물은 죽어야 한다. 내 자아가 죽어야 한다. 내 감정, 내 상황, 내 관계, 내 요구, 내 생각 따위가 개입하거나 살아서 날뛰어서는 안 된다.

내 허접한 지식과 경험들, 변덕스러운 감정은 전혀 아까울 것이 못 되고 버려야 할 것들인데도 맨날 그것을 붙잡고 살아가는 사람들이 있다. 신실하신 하나님보다 변치 않는 말씀보다 변화무쌍하고 변덕스러운 자기감정이 더 중요한 사람들이 있다. 그런 사람들이 교회를 돌아다니며 교회를 어렵게 한다.

내가 어렸을 때 교회 조직 중 풀리지 않는 미스터리가 하나 있었다. 바로 남선교회라는 조직이다. 시골교회의 남선교회는 별로 하는 일이 없다. 무엇을 하는 모임인지는 모르겠으나 연초가 되면 꼭 회장과 임원들이 정해진다. 그들이 무슨 지하 조직처럼 잠잠히

숨어 아무 일도 안 하다가 1년에 딱 한 번 가열차게 일어나 활동하는 때가 있으니 바로 복날이다.

내가 보기에 그들은 부활절이 언제인지는 잘 몰라도 복날은 기가 막히게 기억하고 꼭 모여서 개를 잡아 드셨다. 한 번은 교회에서 키우던 내 사랑하는 누렁이를 잡을 때가 있었다. 어린 나는 그게 너무 충격이고 싫어서 내 사랑하는 누렁이를 끌고 가는 남자 집사님들을 향해 "집사님 나쁜 놈! 집사님 나쁜 놈!" 하며 돌을 던지고, 펑펑 울며 애원했지만 그들의 역사(?)를 막기에는 일곱 살짜리 어린 호성이는 아무 힘이 없었다.

그런데 어찌 된 일인지 그날 사건이 벌어졌다. 개를 잡던 중 누렁이를 매달았던 줄이 끊어졌나 보다. 털이 반쯤 그슬리고 피투성이가 된 누렁이가 갑자기 교회 마당을 향해 달려오는 게 아닌가?

"엄마야!"

너무 무섭고 징그러웠다. 그 사랑하던 누렁이가 달려오는데 나는 나도 모르게 울며 집으로 도망쳐 숨었던 기억이 있다. 그때 나는 큰 교훈을 배웠다.

'죽을 때는 확실히 죽어야 한다!'

반쯤 죽은 것이 가장 징그럽고 끔찍하다.

오늘 나의 신앙, 나의 예배는 어떠한가? 혹시 완전히 죽지 않은 자아가 반쯤 죽고 반쯤 살아 끔찍하게 날뛰고 있는 현장은 아닌가? 산 것도 죽은 것도 아닌 채로….

하나님의 말씀과 권위 앞에 내 생각, 내 감정, 내 상황, 내 자아를 완전히 죽이고 하나님께서 기뻐 받으시는 제물로 드려지기를 소망한다. 이것이 바로 "하나님이 기뻐하시는 영적 예배"인 것이다.

허접한 지식과 경험, 변덕스러운 감정, 고집스러운 자아를 다 버리고, 오늘 내가 주님 앞에, 주님의 말씀 앞에 죽고 주님의 뜻과 계획과 목적대로 살아가는 모습을 보여드리기 바란다. 교회는 살려고 나오는 것이 아니라 죽으려고 나오는 것이다.

chapter 14

기도

이 무릎마저 바치겠습니다

개척 초기, 방문을 열었다가 첫아이를 임신한 아내가 배고픔에 만삭의 배를 끌어안고 울고 있는 것을 보았다. 치밀어 오르는 자괴감에 내달려 엎드린 곳은 또 강대상 기도 자리였다. 그곳밖에 없었다. 힘들고 서럽고 외롭고 두려울 때 항상 그 자리에 무릎을 꿇었다. 그 기도의 자리가 내게는 유일한 비빌 언덕이고 해결의 통로이며 때로는 서러워 흘리는 내 눈물을 받아주는 위로의 장소였다.

그날 나는 하나님께 원망과 불평이 아니라 "사랑합니다", "감사합니다"를 연신 외쳐댔다. 세상에서 실패한 것이 아니라 주의 종으로서 가난과 핍절을 누리게 하시니 감사요, 태중의 아이는 배 속에서부터 목회자 가정의 고난에 동참케 되니 영광으로 느껴졌다.

하나님을 향한 내 진심과 사랑을 또 다른 헌신과 드림으로 표현하고 증명하라면 더 드리고 더 헌신하고 싶은 마음뿐이었다. 그런데 개척하고 건축하며 모두 드렸기에 정말 아무것도 드릴 게 남아 있지 않았다. 보험까지 다 해약하여 바쳤기에 수중에는 10원도 남아 있지 않았다.

그럼에도 하나님께 더 드리고 더 헌신할 수 있게 해달라고 기도하던 중 갑자기 내 무릎이 떠올랐다. 내 무릎이 아직 생생하고 건강했다. 다 드린 줄 알았더니 아직 드리지 않은 것이 있었던 것이다. 지금껏 내 무릎은 싸움과 운동으로 내 승부욕을 채워주고 승리의 희열을 느끼게 하는 데만 사용되었었다.

"하나님, 아직 드릴 게 남아 있네요. 이 무릎마저 바치겠습니다!"

그날 이후 4년 동안 집에서 다리 펴고 잔 날이 거의 없다. 매일같이 교회 강단의 내 기도 자리에서 무릎으로 밤을 새웠다. 당시 금식하는 날이 너무 많았던 터라 안 그래도 약해진 뼈와 무릎에 너무 무리가 가서 이미 수년 전부터 무릎 연골 주사를 맞고 있다. 저녁 집회 마친 후에 다리가 너무 아파서 통증에 밤을 지새우고 새벽 집회에 나가는 날도 허다하다.

말 그대로 무릎이 닳도록 주님 앞에 엎드렸던 그 기도가 이 부족한 자가 그나마 주의 일을 감당할 수 있는 유일한 힘과 원천이었다. 아직도 나는 모든 목회의 문제를 기도로 해결하고 풀어간다. 안 되면 금식을 하면서라도 몇 날 며칠을 하나님께만 매달린다.

기도는 최후의 방법이 아니라 최선의 방법

많은 사람이 모든 방법을 동원해 자기 힘으로 문제를 풀어보려고 하다가 도저히 안 되면 기도의 자리로 돌아온다. 그리고는 "이제 기도밖에 남지 않았다"라고들 말한다.

물론 그렇게라도 기도의 자리를 회복하면 좋다. 하지만 우리는 알아야 한다. 기도는 '최후의 방법'이 아니라 '최선의 방법'이라는 것을. 다 해보고 남은 최후의 방법이 아니라 나의 가장 강력한 무기로 기도의 능력을 누리고 사용해야 한다.

하나님을 믿는다고 하면서 기도하지 않는 것은 어찌 보면 기독교 역사상 일어날 수 있는 최고의 기적이 아닌가 싶다. 지금 이 순간 시퍼렇게 살아계신 하나님을 믿으면서 어떻게 하나님께 나의 문제와 염려를 의뢰하고 부탁하지 않을 수 있는가?

이 기도의 눈물이 강단에, 그리고 성전에 마르지 않는 교회를 꿈꾼다. 이 시대 교회들에 학위와 지식은 많아졌는데 기도의 야성이 사라지고 있다. 교회를 이끌어가는 것은 아이디어와 기획력, 시스템과 프로그램이 아니라 기도여야 한다.

믿음의 선배들은 성전 마룻바닥이 닳아 파이도록 무릎 꿇고 눈물 뿌려 기도했다. 나라와 민족을 위해, 교회와 목사님을 위해, 자녀와 자손들을 위해…. 그 기도의 눈물이 거름 되어 한국 교회의 부흥으로 풍성히 열매 맺었다.

특별히 자녀들에게 기도를 가르쳐야 한다! 우리 부모님 세대처럼 자녀들에게 새벽기도를 전수하자! 내 자녀들에게, 다음세대에게 새벽 냄새를 묻혀줘야 한다. 연어가 알에서 부화했던 새끼 때의 그 하천 냄새를 기억하고 훗날 수만 킬로미터를 찾아 돌아오는 것처럼, 내 자녀들에게 새벽의 냄새, 기도의 향기를 묻혀두면 반드시 연어처럼 돌아와 기도의 자리에 무릎을 꿇을 것이다.

한국 교회의 침체와 성도 수의 감소는 다시 기도를 촉구하시는 하나님의 사인일 수도 있다. 더 좋은 프로그램과 시스템을 도입해야 할 때가 아니라 기도로 하나님과 더 밀접하게 교제하고 뜨거운 기도의 눈물을 뿌려야 할 때임을 알자.

기도는 무기력하고 소극적인 것 같아 보이지만 가장 강력한 역사의 시간이요 무릎은 가장 안전한 자세임을 기억하고, 기도의 무릎을 꿇고 하나님께 끊임없이 나아가자!

나는 오늘도 기도한다.

"하나님, 만일 우리 교회가 기도를 소홀히 하면 우리 교회 문을 닫아 주시옵소서! 하나님, 만일 제가 기도를 소홀히 하면 저를 망하게 하옵소서!"

슬기로운 신앙생활

내 성격상, 교회에서 어떤 불의한 일을 저지르거나 죄를 짓다가 들켜서 교회를 나가는 사람들이 간혹 있어도 나는 성도들에게, 특히 예배 시간에 그의 잘못에 대해 알리거나 비방하지 않는다. 이 은혜의 현장에서 내쫓긴 것이 불쌍하고 그 인생에 하나님의 영광이 떠나신 것 자체가 가장 큰 형벌인 것을 알기 때문이다.

그러다 보니 내 성격을 잘 아는 이들이 오히려 자신의 죄를 감추고 자기가 교회를 나간 이유를 합리화하기 위해 도리어 나와 교회를 비방하고 터무니없는 소문을 퍼뜨릴 때가 있다. 개척해서 지금까지 목회해 오는 동안 참 어려운 일들을 많이 만났지만, 특히 이런 일을 당할 때면 인간적으로 가장 회의감이 들고 목회가 하기 싫을 정도로 버겁게 느껴진다.

그러나 지금까지 그런 일이 있을 때마다 나는 단 한 번도 인간적인 대응을 하지 않았다. 스스로 사람에게 변명하거나 그들을 법적으로 응대하지 않았고 또 혈기나 감정으로 반응하지 않았다. 그때마다 나는 사람들을 만나지 않는다. 목회 중 어려운 일을 만나면 나는 그냥 엎드려 기도만 한다. 금식하며 하나님께만 매달린다.

그런데 신기한 것은 그럴 때마다 가장 소극적이고 무기력해 보이는 그 기도의 자리에서 항상 해답이 나오고 문제의 실마리가 풀리는 것을 경험한다.

가족들도 교인들도 이제는 모두들 안다. 안호성 목사는 어려운 일을 만나면 무조건 기도의 자리에 엎드린다는 것을…. 맨들맨들해진 강대상의 기도의자(무릎의자)가 내 목회의 태스크포스(task force 특별한 목표를 달성하기 위하여 각 부문의 인재를 모아 일을 진행하는 일종의 특별 기획팀), 전략기획실이며 무기고인 셈이다.

예측 가능하고 예상 가능한 인생이 안정적이다. 내가 잘 가는 단골 중국집이 있다. 짜장면, 짬뽕을 유난히 좋아하는 나는 외국만 다녀오면 무조건 공항에서 그 중국집으로 직행한다. 그런데 가끔 짬뽕 맛이 영 형편없을 때가 있다. 몇 번을 참다 사장님께 조심스럽게 물었더니 사장님 왈 "주방장이 한 달에 한두 번은 꼭 술을 마시고 갑자기 결근한다"라는 것이다. 대안이 없어서 그렇지 그 주방장은 곧 잘릴 것이 분명하다.

하나님의 일꾼들도 당연하다. 삶이 예측 가능하고 예상 가능한 패턴이 있어야 안정적으로 사용하실 수 있다. 툭 하면 감정 부리고, 툭하면 잠수 타고, 툭하면 못하겠다고 손 놔버리면 불안해서 중요하고 큰 일을 맡길 수 없다. 영혼은 더더욱 맡길 수 없다.

가장 안전한 자세는 무릎 꿇은 자세이다. 어떤 일이 있을 때마다 기도의 무릎으로 이겨내고 해결하고 풀어내는 인생이 슬기로운 인생이다. 슬기! 순우리말인 '슬기'를 나는 이렇게 풀어보고 싶다. 무릎 슬(膝), 일어날 기(起)! 무릎 기도로 일어서는 슬기로운 신앙생활, 기도자의 삶을 살기를 꿈꾸자.

chapter 15

말씀

평생 편해져선 안 될 말씀의 자리

나는 누구를 가르칠 계제가 되지 못한다. 그저 지금껏 목회하며 지키는 철칙은 하나님 앞에 설교자인 내가 먼저 은혜를 누리고 받는 것이다. 그래서 내가 말씀을 준비하고 전하는 원칙은 '가르치는 것이 아니라 먼저 누린 은혜를 나누는 것'이다.

2012년 국민일보에 나의 목회 이야기가 한 면 전체에 특집 기사로 실린 적이 있다. 그때 나는 이렇게 고백했다.

> "나는 내가 은혜받지 못하고 눈물을 흘리지 않는 설교는 토요일에도 원고를 찢어버리고 다시 무릎 꿇고 하나님께 은혜를 구하며 엎드려 다시 말씀을 간절히 구합니다."

지금도 그 정신을 잃지 않으려고 몸부림친다.

새벽부터 집회, 방송, 강의, 세미나 저녁까지 쉬지 않고 하루에도 몇 타임 설교를 반복한다. 그리고 우리 교회로 돌아와 또 주일 말씀을 준비하고 전한다. 매주 거의 하루도 빠지지 않고 반복되는 말씀 사역 중에도 지금껏 배가 부른 채로 강대상을 밟지 않는다. 아니, 아직도 너무 두렵고 긴장되고 떨려서 배가 부른 채 강대상에 서지 못한다.

우리 교회 강대상도 마찬가지다. 아직도 떨리고 매 시간이 두렵다. 주일이면 1부 예배 마치고 설사하고 2부 마치고 설사하고 3부 마치고 설사를 할 정도로 무섭고 떨리고 긴장되기는 개척 때나 지금이나 다르지 않다.

매일같이 이어지는 집회 사역을 하면서 지금도 아침과 저녁은 먹지 않고 하루에 점심 한 끼 먹는데, 그것도 12시부터 1시 반까지 식사 시간 외에는 호텔 방에서 한 발짝도 안 나온다. 호텔 방 문고리도 안 잡고, 집회나 방송 세미나 스케줄 외에는 방 안에서만 지낸다. 어찌 보면 고급스러운 감옥에 갇혀 사는 것이지만, 그렇게 하지 않으면 말씀을 준비할 시간도 영성도 지켜낼 수가 없다.

한 목사님이 전화를 걸어 "어떻게 그렇게 바쁜 스케줄을 소화하면서 설교 준비를 그렇게 할 수 있느냐?"라고 질문하셨다. 나는 간단하게 대답했다.

"저는 아무것도 안 합니다. 설교 준비만 합니다."

말씀을 준비하고 영성을 지켜낼 수 있도록 그 시간을 확보하기 위해 나는 모든 것을 포기하고 밥도 굶으며 호텔에 나를 스스로 가두고 몸부림친다.

청주에서 집회할 때 자주 머무는 그랜드호텔(구 라마다호텔) 바로 앞이 부모님 댁이다. 그런데 아직도 집회를 앞두고는 호텔 앞 부모님 댁에 갈 마음의 여유가 없다. 3일 동안 집회 다 마치고 다른 지역으로 이동할 때 잠깐 뵈는 것이 전부이다. 부모님도 이런 아들을 이해해주시고 가끔 집회하는 교회로 찾아오셔서 아들 얼굴 실컷 보고 가신다.

인간적으로는 안타깝지만 이것이 당연하다고 생각한다. 나에게는 매일 이어지는 집회일 수 있으나, 교회로서는 1,2년을 기다린 집회이고 교회의 역사가 달라질 수 있는 기회이다. 또한 한 성도가 그 말씀에 살고 죽을 수 있는, 인생에서 절대절명의 순간에 있을 수 있다. 그러니 그 시간을 소홀히 할 수가 없다.

죽을 때까지 익숙해지지 말아야 할 곳, 편해지지 말아야 할 곳이 바로 말씀의 자리인 것 같다. 이런 모습을 하나님께서 기특하게 봐주시는 것 같다. 하나님께서 말씀에 은혜와 능력을 부어주신다. 설교의 은혜는 인간이 만들 수 있는 것이 아니다. 그 말씀에 하나님께서 은혜를 담아주실 때만 가능하다.

설교의 완성은 성도의 몫

좋은 시는 어린이에게는 노래가 되고, 청년에게는 철학이 되고, 노인에게는 인생이 된다. 좋은 설교는 상처 입은 자에게 그 상처를 감싸주는 반창고가 되고, 삶의 방향을 잃고 어찌해야 할지 어디로 가야 할지 몰라 방황하는 자에게 나침반이 되며, 방탕하고 교만한 자들에게는 아픈 채찍이 되고, 인생의 고난으로 앞이 깜깜하여 절망하고 있는 자에게는 소망의 등불이 되어준다.

설교는 지식 자랑이나 정보 전달이 아니다. 진정한 말씀은 변화를 수반한다. 아무리 전달의 기술이 세련되고 능숙해도 그 말씀이 회중의 삶에 적용되지 못한다면 그것은 쓰레기에 불과하다. 그래서 설교의 완성은 성도의 몫이다. 설교자는 목숨 걸고 말씀을 준비하여 선포하고, 말씀을 듣는 이는 그 말씀을 삶에 적용하여 삶이 거룩하게, 더욱 하나님의 뜻대로 변화해야 한다.

말씀은 성도의 삶을 변화시키는 힘이 있어야 한다. 시퍼렇게 살아계신 하나님께서는 한 사람의 인생을 뒤바꿀 수 있는 능력을 말씀 속에 허락하신다. 요즘 내 유튜브 설교를 듣고 평생 불교 신자가 회심하여 교회를 다닌다는 소식이 계속 들려와 행복하다. 설교자로서 이보다 행복한 일이 있을 수 없다.

〈TV는 사랑을 싣고〉라는 프로그램을 통해 나를 알게 된 분 중에 대구에 사는 '모태 불자'가 있다. 한 번도 교회에 나가본 적이 없고 평생 절에만 다닌 분이다. 그런데 우연히 본 TV 프로그램 때문에 교회와 목사에 대해 긍정적 감정을 가지게 되었고, 그날 난생처음으로 유튜브를 통해 내 설교를 찾아 들었다고 한다.

처음에는 심심해서 한 편 두 편 보다가 매일 일과가 되어 아침저녁으로 말씀을 듣기 시작했고 몇 달 만에 예수님을 영접하고 6월 9일부터 지금껏 한 주도 빠짐없이 교회를 다니며 예배를 드린다. 지금은 자신뿐 아니라 언니들을 모두 전도해서 모두 예수님을 영접하고 교회를 다닌다.

여수와 대전에서도 불교에 심취해 있던 분들이 유명한 스님의 설법을 듣다가 우연히 링크된 내 설교를 접하고 호기심에 시청하다가 회심하여 교회에 나가신다는 연락을 해왔다.

우리 교회에도 그런 분이 있다. 평생 절에 다니시던 분이 얼마 전 유튜브를 통해 내 설교를 듣고 딸과 함께 양산에서 스스로 교회를 찾아와 등록했다. 그 후 은혜받아 3개월 만에 성경 통독을 마치고, 새벽기도까지 그 먼길을 달려 나오고 있다.

정말 말씀을 만나면 반드시 변한다

한 번은 모태신앙이며 부산의 큰 대형교회에 출석한다는 한 자매가 우리 교회를 찾아왔다. 찾아온 이유인즉, 자기 친구가 어느 날 교회를 다닌다는 말을 들었는데 한두 달 만에 너무 변해서 이단이나 사이비에 빠진 것 같아 친구를 구해내려고 왔다는 것이다.

이 자매의 친구는 평생 절에만 다녔고, 교회를 안 다니는 정도가 아니라 교회를 끔찍하게 싫어하고 경멸했던 서른한 살의 자매이다. 그런데 그 친구가 얼마나 변했냐면 오히려 설렁설렁 교회 다니는 자신이 주일예배를 안 드리고 어디를 가거나 신앙적 선택과 결단을 주저할 때면 자신을 단호하게 꾸짖고 이렇게 권면한다는 것이다.

"친구야, 교회만 다닌다고 다 예수님 믿는 거 아니야. 그 정도 유혹에 주일성수를 어기고 예배를 소홀히 해서 되겠니? 우리 예수님 똑바로 믿자!"

그래서 놀란 나머지 이단이나 사이비에 빠진 것이 분명하다고 생각되어 우리 교회를 찾아왔는데 지극히 정상적인 교회라 더 놀랐다는 것이다. 이 자매에게 나는 조용히 말했다.

"이봐요, 자매님. 원래 예수님을 믿으면, 예수님을 만나면 변하는 것이 정상이에요."

성경에서 예수님을 인격적으로 만나고 구주로 영접한 사람들은 모두 싹 다 변했다. 단 한 명의 예외도 없이. 그런데 요즘은 이처럼 변하는 이들을 오히려 이단이라 생각하고, 교회 다니며 말씀에 변화된 사람들을 신기한 구경거리로 여기는 세상이 되어가고 있다.

이상하게도 작금의 한국 교회는 신앙생활 하면서도 이전과 하나도 변함없이 똑같이 살아가는 사람들로 가득하다. 거룩한 변화는 찾아볼 수 없는데도 나는 예수를 만났고 믿는다고 주장하는 사람들로 가득하다.

교회를 그렇게도 싫어하다가 변했다는 그 친구는 남자 친구를 통해 우리 교회에 찾아와 상담을 했는데, 그다음 날부터 예배에 참석하여 눈물 흘리며 말씀을 듣더니 곧 모든 예배에 참석하기 시작했다. 그 남자 친구는 우리 교회에서 2시간 이상 떨어진 경산에 살았는데, 우연히 우리 교회에 나와 예배드리다가 예수님을 영접하고 은혜를 받더니 신앙생활을 위해 이직하여 직장을 아예 교회 근처로 옮겼다.

두 사람은 결혼해서 교회 옆으로 이사를 왔다. 둘 다 아무도 믿지 않는 집안의 첫 신앙인들인데도 불과 몇 달 만에 변모하여 지금은 예수님에게 목숨을 거는 믿음의 용사가 되었다.

우리 교회는 이렇게 거룩한 변화로 교우들 뿐 아니라 주변의 믿지 않는 사람들까지 놀라게 하는 성도들로 가득하다. 그리고 말씀으로 변해가는 서로를 보며 신기해하고 또 서로 도전을 주고받는다.

세련된 조직과 시스템은 일절 없지만, 말씀에 변화되어 구원받는 자들이 날로 늘어나는 초대 교회의 모습을 간직한 교회로 주님 다시 오시는 그날까지 쓰임 받기를 소망한다.

chapter 16

감사와 겸손

감사와 겸손의 영적 루틴을 만들어라

죽을 때까지 잃지 말아야 할 신앙의 가치는 바로 감사이다. 감사는 성격이나 성향으로 여길 문제가 아니다. 어찌 보면 기독교 신앙의 본질일 수 있다. 아무 공로 없이 예수님의 십자가 대속으로 구원받은 나로서의 존재를 인정하는 것. 이것이 기독교 신앙의 핵심이라면 우리 신앙은 감사로 시작해서 감사로 끝나야 한다.

목회자의 일생을 마치고 은퇴하신 아버지가 대를 이어 목회하는 아들에게 가르치고 전수하고 싶은 것이 얼마나 많으셨겠는가? 그 아버지가 나에게 강조하고 가르치신 딱 한 가지가 바로 감사이다.

"안 목사, 죽을 때까지 감사만 하고 사시게. 그리고 감사치 않는 이들과는 절대로 한배를 타지 마시게."

감사는 신앙이다. 성향상 감사하지 못하고, 성격상 표현 못 하는 것이 아니다. 신앙생활 중 감사가 결여된 것은 믿음이 없는 것이다. 구원의 유일한 이유, 십자가의 은혜와 주님 보혈의 은혜를 정말 믿는다면 감사할 수밖에 없다.

마태복음 18장에서 예수님은 천국을 일만 달란트 빚진 자의 비유로 설명해주셨다. 평생 갚아도, 아니 대를 이어 갚아도 영원히 갚을 수 없는 일만 달란트의 큰 빚을 아무 조건 없이 탕감받은 한 사람이 자신에게 백 데나리온 빚진 자를 용서하지 못하고 분노하며 옥에 가둘 때, 자신에게 주어졌던 그 은혜들 또한 거둬지고 빼앗기게 된다는 것이다.

내가 어떤 은혜를 입고 살아가는 존재인가를 기억한다면 어떤 상황도 용서하고 용납하면서 감사하고 또한 겸손하게 살 수 있다. 우리는 이 영적 기억력을 높이기 위해 노력할 뿐 아니라, 이것을 잊지 않기 위해 스스로 '영적 루틴(routine 정례적인 일상의 일이나 절차)'을 만들어야 한다.

삶의 루틴에 문신을 새겨라

역사와 전통이 오래된 어느 교회에 집회하러 갔을 때의 일이다. 집회 전에 담임목사님과 수석 장로님을 처음으로 만나 인사를 나누는 시간이 있었다. 그런데 참 점잖아 보이는 장로님의 손에 문신이 있는 것이 언뜻 보였다. '저렇게 점잖아 보이시는 장로님도 어릴 적 부모님 속 많이 썩이셨겠구나. 좀 놀아보셨나 보다'라고 생각했다.

집회 마지막 날, 이제 좀 친해진 장로님에게 "장로님, 그 문신은 뭐예요?" 하고 조심스럽게 여쭤보았다. 그러자 장로님이 웃으면서 문신을 보여주셨다.

'혈당체크'

이게 무슨 말인가? 무슨 문신을 이렇게 새겼나? 알고 보니 장로님이 한 번 쓰러지고 크게 아프서서 생사를 오간 적이 있었다고 한다. 다행히 기적처럼 살아나고 회복되어 지금은 건강을 엄청 신경쓰면서 살아가고 계시는데, 혹시 혈당 체크하는 것을 잊어버릴까봐 손의 잘 보이는 곳에 문신을 새겨 놓으신 것이다.

육신의 건강과 생명을 위해 잊지 말아야 할 것들을 문신이라도 새겨서 기억하는 것처럼, 우리도 영적인 건강과 생명을 위해 잊지 말아야 할 소중한 가치들을 삶의 루틴 속에 문신처럼 새겨야 한다. '혈당체크', '감사겸손'과 같이, 잊어버리면 죽는 내 삶의 가치를 지켜낼 수 있도록.

대접에 감사하기 위한 금식

'까딱 잘못하다간 이 자리가 인간 말종 되기 딱 좋은 자리구나!'

거의 매일 집회 사역이 연속되면서 어느 순간 두려움이 엄습해왔다. 매일 좋은 호텔에 묵고 좋은 음식으로 대접받으니 잘못하면 내가 무엇이 된 양 착각할 수 있을 것 같았다.

심지어 집회 사역을 함께 다니며 도와주는 수행 사역자들도 1년 정도 다니면 이상하게 교만해지는 것을 볼 때가 많다. 처음에는 행복하고 과분하게 여겼던 대접과 삶을 어느샌가 당연하게 여기며, 아니, 더 나아가 질려 하고 억지로 받아주는 듯한 '꼴값' 떠는 모습을 한두 번 본 게 아니다.

그래서 집회 사역을 시작한 후 교만해져서 감사를 잃어버릴 것이 두려워 나만의 루틴을 세웠다. 2012년 10월부터 나는 부득이한 경우가 아니면 하루에 밥을 한 끼만 먹는다. 하루 세 끼 식사 대접을 받다 보면 음식의 소중함도 모르고 감사함 없이 억지로 일처럼 먹어주듯 할 때가 있고, 또 그 식사 대접 비용이 1년만 따져봐도 어마어마했다.

'이 귀한 돈이 이렇게 억지로 내 배를 채우는 데 쓰이면 되겠는가?'

그래서 3일 부흥 집회를 인도하면 한 교회에서 한 끼 혹은 두 끼밖에 먹지 않는다. 그리고 식사 대접을 아쉬워하는 교인들에게 "저는 괜찮으니 그 돈으로 선교헌금이나 전도하는 데 꼭 좀 써주십시오! 강사 대접하려고 했던 그 식당 그 메뉴 그대로 전도 대상자 한 사람 한 가정만 초대해서 대접해주시면 그것이 예수님을 섬기는 것처럼 훨씬 가치 있고 위대한 헌신입니다"라고 부탁을 드린다.

매일 아침의 첫 고백

영적 루틴이 하나 더 있다. 알람을 일어나야 할 시간보다 20분 전에 두 개 더 맞춰놓는다. 원래 일어나야 할 시간보다 20분 먼저 일어나서 이렇게 고백드린다.

"주님, 저는 버러지입니다."

"주님, 저는 티끌입니다."

"주님, 저는 쓰레기입니다."

"주님 떠나가시면 저는 아무것도 아닙니다. 그러니 저를 버리지 말아주세요. 저를 떠나가지 말아주세요."

매일 이렇게 일어나서 100번씩 이 고백을 드린다. 내가 어떤 인간이고 내게 베풀어주신 은혜가 얼마나 큰 것인지 잊지 않기 위한 몸부림이다. 이것을 잃어버리는 순간 나는 정말 아무것도 아닌 쓰레기처럼 버려지는 존재가 되는 것이다.

예수님이 마지막 유월절에 십자가를 지기 위해 예루살렘으로 입성하실 때 한 번도 등에 사람을 태워본 적이 없는 나귀를 타고 들어가신다. 매일 채찍과 욕이 자기 몫이었던 나귀 앞에서 사람들이 환호하며 옷을 벗어 레드카펫을 깔아주고 종려나무 가지를 흔들며 환영해주니 그 나귀의 입장에서는 그날이 실로 신나고 흥분되는 날이었을 것이다.

그때 만일 나귀가 '이제 드디어 내 가치를 인정해주기 시작하는 군. 내가 좀 잘나긴 했지' 하고 우쭐거리며 두 발을 들어 멋지게 몸을 틀고 잘난 척한다면 어찌 되겠는가? 등에 태운 예수님이 떨어지고 나귀와 분리되는 순간 나귀는 아무것도 아닌 것이다. 다시 등짝의 모진 매질과 욕만이 나귀를 기다릴 뿐이다.

내 삶도 마찬가지다. 내가 잘나고 대단해서 사람들이 나에게 환호하고 대접하는 것이 아니다. 나의 등 뒤에 계신 우리 주님이 대단하신 것이다. 나의 등 뒤에서 역사하시는 시퍼렇게 살아계신 우리 하나님이 위대하신 것이다. 그래서 겸손함의 가치를 붙들고자 매일 몸부림친다.

'이것을 잊지 말자! 절대로 착각하지 말자! 절대로 꼴값 떨면서 교만해지지 말자!'

저는 BTS입니다

극동방송에서 라디오 생방송을 하고 있을 때였다. 사연과 은혜 나눔 문자들이 속속 도착하는데 그중 한 문자를 보고 진행 PD와 함께 엄청 웃었다. 내용인즉슨 이렇다.

"목사님 말씀을 유튜브를 통해 매주 들으며 은혜받고 있습니다. 가장 힘들고 절망적인 상황에서 목사님 말씀을 들으며 희망을 갖고 다시 회복하고 있습니다."

여기까진 좋았다. 그다음이 문제였다.

"목사님은 목사계의 BTS예요."

요즘 절대 건드리지 말아야 할 대상들이 있다. 그중 하나가 BTS 아니던가? 그 분도 수많은 'A. R. M. Y'(BTS 팬클럽)들이 무서웠던지 그 내용 뒤에 이렇게 적어놓았다.

"이 부분은 목사님만 속으로 읽어주세요."

한참을 웃다가 갑자기 눈물이 핑 돌았다.
'그래, 잊지 말자. 나는 정말 목사계의 BTS라는 것을….'
무슨 소리냐고? 'BTS'는 내가 매일 고백하는 고백과 딱 맞아떨어졌다.
"나는 '버러지'(B)입니다!"
"나는 '티끌'(T)입니다!"
"나는 '쓰레기'(S)입니다!"
누가 뭐래도 나는 하나님 앞에서 영원히 'B. T. S.'이다!!

'육체의 가시'라는 축복
그렇게 겸손함을 유지하고 교만해지지 않으려 몸부림을 쳐도 어느 순간 정신 차려보면 하나님의 도우심과 성령님의 개입 없이도 능수

능란하게 회중들을 감동시키며 말씀을 잘만 전하고 있는 끔찍한 모습을 볼 때가 있다.

인간이란 참 간사하다. 조금만 형통하고 풍족하고 안정되면 금세 하나님을 잊어버리고, 내가 무언가 한 것처럼 여기고 내가 무엇을 할 수 있다고 착각한다. 그러다 보니 교만해지고, 그 교만 때문에 사역 중에 섭섭함이 생기고 목회 중에 서운함도 느껴진다.

하나님과의 관계가 멀어지고 소홀해지면 차라리 망하는 게 복이다. 그래야 회복의 기회, 회개의 기회라도 있다. 그래서 그럴 때면 집회 중 하루 한 끼 먹는 식사마저 굶으며 금식기도에 들어간다.

나에게 가장 큰 축복이 무엇이냐 묻는다면 바로 사도 바울처럼 하나님께서 주신 육체의 가시라고 대답하겠다. 고통스러운 그 가시는 하나님께 부름 받을 때 대수술을 두 번 받은 데다가 몇 해 전에 수술을 또 해서 얻게 된 장 유착 후유증이다.

장이 원활하게 움직이지 않고 멈춰서 부풀어 오른다. 다른 장기들이 압박을 받아서 숨이 잘 쉬어지지 않을 정도로 호흡이 가쁘고 식은땀이 비 오듯 쏟아진다. 짧게는 몇 분에서 길게는 몇 시간을 그렇게 꼼짝할 수 없이 쓰러진다. 너무 큰 통증에 애를 쓰다 보면 변을 지릴 때도 있을 정도이다.

집회 중 아무도 없는 호텔 방에서 밤새 화장실에서 웅크리고 고통에 몸부림치다가 새벽 집회에 나갈 때도 있다. 자존심이 강하고 결벽증이 있는 내가 정신 차리고 옷을 빨고 뒷정리하고 샤워를 할 때면 눈물이 흐른다. 내 모습이 너무 처참하고 처량해서이기도 하지만 다시 내 안에 은혜와 겸손이 리셋(reset) 되어 흐르는 눈물이다.

"그래, 나는 죽었었는데…. 그래, 나는 지금 덤으로 사는 인생이지."

삶의 분주함과 사역의 반복 중에 망각했던 은혜들이 다시 회복되어 내 삶의 모든 불평과 원망, 서운함이 다 사라진다.

삶의 분주함과 사역의 반복 중에 망각했던 은혜들이 다시 회복되어 내 삶의 모든 불평과 원망, 서운함이 다 사라진다. 다시 모든 사역과 순종의 즐거움을 회복하며 이렇게 고백한다.

"하나님은 나의 주시오, 성도는 나의 꽃이다.

그래서 하나님은 언제나 옳으시고, 성도는 언제나 예쁘다."

어떤 모양과 성향을 지닌 성도라도, 어떤 상황과 형편의 사역이라도 다시 기쁘고 행복하게 감사함으로 품고 사랑하며 행복하게 사역할 수 있게 된다.

'겸손! 겸손은 힘들어

겸손! 겸손은 힘들어'

조영남이 부르고 리쌍이 리메이크한 '겸손은 힘들어'라는 노래 중 한 구절이다. 신앙이 있든 없든, 나이가 많든 적든, 지위가 높건 낮건 겸손은 누구에게나 쉽지 않은 일이다. 정말로 겸손한 것과 겸손한 척하는 것의 차이를 구별하기란 매우 어렵다. 어거스틴(St. Augustine)은 알렉산드리아의 주교 디오스코루스(Dioscorus)에게 보낸 편지에서 이렇게 말했다.

> '디오스코루스여, 나는 그대가 온전한 경건함으로 자신을 하나님께 드리는 삶을 살기 바랍니다. … 그 길의 첫째가 겸손입니다. 둘째도 겸손입니다. 셋째도 겸손입니다(In that way the first part is humility; the second, humility; the third, humility)'.[2]

모든 것이 오직 하나님의 은혜이다.

노래방 마이크에 담겼던 초심

집회 때문에 이동하던 중에 교회 재정부의 전화를 받았다. 영상 및 음향 장비 교체로 수천만 원을 지출한다는 보고에 그러라고 흔쾌히 승낙했는데 갑자기 마음속에 회개가 일어났다.

'예전에 만삼천 원짜리 마이크 하나에도 눈물로 금식하며 기도했던 내가 요즘은 몇천만 원, 몇억 원을 지출하면서도 눈 하나 깜박하지 않게 되었구나!'

---

2) St. Augustine, The Letters of St. Augustine, Ep. 118.3.22

개척 후 처음으로 찬양 예배를 인도하는 찬양단을 세웠다. 그래 봤자 아내가 피아노 반주를 하고 내가 찬양 인도하고 내 양옆에 초등학교 6학년, 중학교 2학년이던 두 아이를 세운 것이다. 찬양 단을 세우고 보니 마이크가 필요했다.

개척 당시 교회에는 정식으로 음향 시스템이 갖춰지지 않았고 야유회 갈 때 들고 다니는 이동식 앰프가 전부였다. 그 앰프에 마 이크를 꽂을 수 있는 잭이 세 개 있는데, 하나는 내 마이크를 꽂으 니 어차피 꽂을 수 있는 여유가 다 해야 두 개였다.

태어나서 처음으로 인터넷 쇼핑으로 마이크를 구입하게 되었다. 돈이 너무 없어서 구입할 수 있는 것은 '노래방용 마이크'라는 상품 명으로 판매되는 13,000원짜리 은색 마이크뿐이었다. 그거 하나 사는데도 이백 개가 넘는 구매 후기 댓글을 얼마나 꼼꼼히 다 읽었 는지 모른다. 결론은 복불복이었다. 괜찮은 것이 오면 그냥 쓰는 거고 안 좋은 것이 오면 반품하기 아까워 버리느니 쓴다는 내용들 이었다.

나는 기도에 들어갔다. 겨우 13,000원짜리 마이크 두 개 구입하 면서 하루 종일 금식하며 "하나님, 좋은 마이크 만나게 해주세요" 하고 기도했다. 우스워 보일 수 있겠지만 그때는 정말 간절했다. 그런데 그 마음을 잃어버린 것 같아 너무 죄송하고 두려웠다.

사역 마치고 돌아가자마자, 처음 개척할 때 건축했던 교회당을 찾아갔다. 지금은 장로교단에 매각해 교회 간판은 바뀌었지만 나는 아직도 그 교회당을 자주 찾아간다.

감사를 잃어버리거나 초심을 잃고 변하려 하는 나와 가족을 보면 우리는 우리의 첫 예배당을 찾아 무릎 꿇고 눈물을 흘리며 한 시간 이상씩 회개하며 기도한다.

'하나님, 초심을 잃지 않게 해주세요, 교만하지 않게 하시고 감사를 잃어버리지 않게 해주세요.'

그렇게 몸부림을 치는데도 우리 삶은 참 겸손을 유지하기가 쉽지 않은 것 같다. 너무 많이 누리고 풍족해서 감사의 마음이 무뎌졌다면, 하나님 없이도 기도 없이도 살아갈 수 있게 되었다면 그것은 '복'이 아니라 '독'이다.

발톱은 손톱에 비해 너무 더디게 자라서 꼭 멈춰있고 자를 일이 없을 것처럼 보인다. 그런데 잊고 있다가 어느 날 보면 어느새 길고 흉하게 자라있는 것을 발견할 때가 있다. 우리의 교만이 그렇다. 마치 발톱처럼 교만이 은근하게 자라나 흉하게 변해버린 나의 마음을 언제나 회개하고 끊임없이 겸손함으로 돌이키는 일을 우리는 죽을 때까지 이어가야 한다.

'겸손은 죽음에까지 이르러야 하는 길이다. 왜 그럴까? 죽음만이 겸손의 극치를 이루기 때문이다. 겸손은 꽃이다. 이 꽃을 통해 맺어진 완전한 열매는 곧 자아를 희생하고 죽는 것이다. 예수께서는 죽기까지 자기를 낮추셨고, 우리가 걸어야 할 그 길을 열어주셨다. 그리스도께서 자기를 낮추시고

자기 자신을 하나님께 복종케 하신 사실을 증명할 수 있었던 유일한 길은,
오직 죽음밖에 없었다.'

앤드류 머레이의 스테디셀러 《겸손》에 나오는 내용이다. 자기를
쳐서 복종시키는 일이 겸손의 핵심이라고 한다. 내가 살아나고 내
가 앞서가기 시작하면 섬김과 예배와 전도는 사라지고 다른 사람
들에게 나를 높이고 칭찬하라는 자신의 모습만 남아 평생 전도 한
번 못 하는 성도로 전락하고 만다.

두렵고 떨리는 일이 아닐 수 없다. 그래서 날마다 나 자신을 쳐
복종시키고 그리스도를 내 안에 채울 수밖에 없다.

"악마가 가장 싫어하는 말은 겸손이요, 천사가 가장 좋아하는
말은 겸손이다."

chapter 17

전도와 나눔

전도는 하나님 아버지의 피맺힌 소원

100세 된 노모의 소원은 세상 돌아가는 것을 보는 것이었다. 74세 된 아들 할아버지는 노모의 소원을 들어주기 위해 자전거에 수레를 매달아 3년에 걸쳐 중국 대륙을 종단했다. 《어머니와 함께한 900일간의 소풍》(유현민·왕일민, 랜덤하우스코리아)이라는 책에 나오는 이야기이다.

효(孝)란 무엇일까? 부모님이 기뻐하시는 일을 하는 것이 아닌가? 효도는 이것저것 따지는 게 아니라 부모님이 원하시는 것, 그것을 묵묵히 따르며 순종하는 것이다. 효도는 육신의 부모님에 대해, 하나님의 말씀을 전해주는 목사에 대해, 그리고 하나님 아버지에 대해 하는 것이다.

우리가 생각하는 하나님은 어떤 분이신가? 우리 신앙의 많은 부분이 풀리지 않는 가장 큰 이유가 여기 있다. 하나님을 크게 오해하고 있기 때문이다. 나에게 하나님은 어떤 분이신가? 정답은 단순하다. 우리 신앙의 키워드는 바로 하나님을 아버지로 알고 믿고 섬기는 것이다.

"하나님은 나의 아버지이십니다."

육신의 아버지도 우리의 필요를 자기 일처럼 여기고 진자리 마른자리 갈아 뉘며 챙겨주신다. 하물며 하나님 아버지는 더 좋은 것으로 아낌없이 주지 않으시겠는가?

하나님을 아버지라고 믿고 있다면 두 번째 질문이 있다.

"당신은 효자입니까? 당신은 효녀입니까?"

우리 신앙의 비극은 하나님을 필요할 때만 부른다는 데 있다. 내가 필요해 부르는 것이지, 하나님께서 간절히 원하고 기대하시는 바에 대해서는 도무지 관심이 없다.

예전에 우리 교회 본당에 한 벽면을 다 채울 정도로 커다란 플래카드가 걸려 있었다.

"전도는 하나님 아버지의 피맺힌 소원입니다!"

적어가도 되냐고 묻는 목사님도 계셨다.

"네, 얼마든지요!"

예수님이 이 땅에 오신 가장 큰 목적은 전도였다. 자신을 배신하고 떠나간 탕자를 기다리는 아버지. 하나님 아버지는 전도를 통해 큰 기쁨을 얻으신다.

지금도 미아 찾기 광고를 보면 가슴이 저민다. 인터넷을 접속해도 배너 광고에 미아 찾기 광고가 뜬다. 잃어버린 아버지, 어머니는 얼마나 가슴이 아플까? 그런 부모에게,

"친구야, 아들 잃어버린 지 2년 됐지? 내가 근사한 밥 살게!"

"내가 이번에 나온 신형 자동차를 사줄게, 힘내!"

이렇게 말한다고 위로가 될까? 위로는커녕 더 속이 탈 것이다.

울산온양순복음교회는 모든 물질, 모든 축복, 모든 역량을 하나님이 피맺힌 소원을 들어주시는 데 집중하기로 했다. 생각만 해도 눈물이 쏟아진다. 우리 교회는 전도하지 않으면 임직시키지 않는다. 장로님, 권사님, 집사님 모두 전도하지 않으면 직분을 받을 수 없다. 그것은 건강한 신앙이 아니기 때문이다.

교회는 돌아온 탕자들의 잔치 자리가 되어야 한다. 그것이 아버지가 가장 기뻐하시는 일이다. 열심히 일하고 충성한 장자들을 위로하는 파티장이나 장자들의 놀이터가 되어선 안 된다. 예배에 참석 잘하고 교회 사역을 열심히 하고 헌금을 많이 하는 것도 중요하지만 자칫 잘못하면 교회가 영혼 사랑, 하나님 아버지의 피맺힌 소원인 전도의 열정도 없이 장자들의 놀이터가 되기 쉽다.

"하나님을 사랑한다면 전도로 표현하라!"

자식 잃은 아버지의 마음, 죽어가는 영혼들을 향한 하나님 아버지의 심장을 이식받은 뒤로 교회가 폭발적으로 성장하기 시작했

다. 하나님의 피맺힌 소원을 들어드렸더니 하나님께서 물질적으로 영적으로 풍성하게 채워주셨다. 전도하는 성도들은 목사의 마음을 안다. 하나님 아버지의 마음을 안다. 그래서 교회는 더욱 건강해진다. 효도하면 부흥한다.

"하나님이 기뻐 노래하시네, 열방이 주께 돌아올 때!
하나님이 기뻐 춤추시네, 잃어버린 영혼 돌아올 때!"

심청이는 효녀가 아니다

'효녀 심청'의 이야기를 모르는 사람은 거의 없다. 아버지 심 봉사의 눈을 뜨게 할 공양미 삼백 석을 마련하려고 선원들에게 팔려 인당수에 빠지는 내용이다. 하지만 문제는 청이가 아버지의 눈을 고친다는 이유로 아버지를 버린 채 인당수로 떠나간다는 점이다.

아버지 입장에서 생각해보자. 홀로 남은 아버지를 뺑덕어미가 보살펴야 하는 불편한 현실이 시작되고, 유일하게 눈과 귀, 손과 발이 되어주었던 심청이 없이 계속 살아야 한다. 설령 눈을 뜨게 되더라도 하나뿐인 딸을 잃어버린 채 살아야 한다.

많은 사람이 찾아와 신앙 상담을 요청한다. 예수님을 믿다가 낙심하고 지친 사람들에 대한 나의 대답은 단순하다.

"하나님은 우리 아버지이십니다."

하나님을 나의 친아버지로 생각하고 문제를 생각하기 시작하면 답은 의외로 단순하고 쉽게 나온다. 바로 아버지의 마음이다.

내가 네 곁으로 지나갈 때에 네가 피투성이가 되어 발짓하는 것을 보고 네게 이르기를 너는 피투성이라도 살아 있으라 다시 이르기를 너는 피투성이라도 살아 있으라 하고 겔 16:6

아버지의 마음은 똑같다. 비록 자식이 엉망진창 피투성이일지라도 살아 있기를 바라는 마음이 아비의 마음이다. 이것이 바로 신앙의 본질이다. 너덜너덜해진 삶 속에서도 포기하지 않고 나아가는 것이 신앙이다. 하지만 우리는 쿨하고 멋진 신앙생활만을 꿈꾸고 기대한다.

우리는 착각하며 신앙생활을 하고 있다. 심청이처럼 아버지 눈을 뜨게 할 생각만 했지 아버지의 심정, 애끓는 마음을 전혀 헤아리지 못한다. 은혜와 영성이 바닥을 치는데, 은혜가 다 말라비틀어지고 있는데, 이러한 상황에서 억지로 꾸역꾸역 신앙생활 하는 것 자체가 하나님께는 커다란 불효라는 생각은 왜 못 하는가?

교회 사역도 사실 항상 기쁘고 즐겁고 은혜가 충만한 것이 아니다. 긴 병에 효녀 없다고, 심청이는 소경인 아버지를 섬기며 사는 하루하루의 삶이 쉽지 않았을 것이다. 차라리 떠나는 것이 더 쉬웠을지도 모른다. 교사를 하다가, 간사를 하다가, 직분을 맡아 봉사하다가 힘겨운 사역의 무게에 짓눌리다가 포기하고 내려놓는 경우가 있다.

"다 버리고 떠나자!"

결국 '효녀 심청' 성도의 결론은 교회를 다른 곳으로 옮기기 위해 인당수로 떠나는 것이다.

하나님의 은혜, 하나님의 능력으로 교회 사역을 해야 지치지 않는다. 은혜를 받아야 낙심하지 않는다. 온전한 예배를 드리기를 힘써야 새로운 양식을 공급받아 승리하게 된다. 나 중심의 신앙생활에서 하나님 중심의 신앙생활로, 나 중심의 예배에서 하나님 중심의 예배로 전환될 때 신앙의 패러다임이 변화된다.

온전한 예배는 전도의 에너지를 충전하고, 나를 살리고 남도 살리게 된다. 인당수로 가서는 안 된다. 현장에서 능력을 회복해야 한다. 싸워서 이기고 전도하면 하나님께서 기뻐하시는 효자, 효녀가 될 것이다.

소년이라도 피곤하며 곤비하며 장정이라도 넘어지며 쓰러지되 오직 여호와를 앙망하는 자는 새 힘을 얻으리니 독수리가 날개 치며 올라감 같을 것이요 달음박질하여도 곤비하지 아니하겠고 걸어가도 피곤하지 아니하리로다 사 40:30,31

전도는 실패가 없다

2012년부터 외부 집회 사역이 거의 매일 이어졌고 약 2년 후 집회 일정까지 거의 다 잡혀 있었다. 교회들은 약 1년 전쯤에 미리 집회 일정을 잡는 것이 일반적이다. 그런데 몇 년 전 1월, 한 교회로부터 집회 요청 전화를 받았다. 2월 첫 주에 와서 집회를 해달라는 것이었다.

이미 일정이 잡혀 있는 데다 한 달 전에 일정을 잡는 것은 너무 준비도 안 되고 즉흥적인 것 같아서 거절했다. 그런데도 계속 요청이 오고 나도 뭔가 그 교회를 가야 한다는 성령님의 감동을 받아서 이미 일정이 잡혀 있던 교회에 양해를 구하여 뒤로 미루고 그 교회로 집회를 가게 되었다.

그 교회는 충남 보령에 있는 90년이 넘는 역사를 가진 주산제일교회였다. 이상하게 집회 첫날부터 눈물이 흐르고 무언가 다른 감동이 있었다. 점심 식사 중 우연히 이 주산이라는 곳이 아버지 고향인 서천군 비인면과 가깝다는 것을 알게 되어 반가운 마음에 아버지께 전화를 드렸다.

"아버지, 보령 주산이라는 곳에서 집회하는 중인데 알고 보니 아버지 고향과 가까운 곳이네요."

"그럼~. 주산은 어릴 적 우리 동네랑 가깝지. 아빠가 주산농고 출신이잖아. 그래, 어느 교회 집회 중이니?"

"주산제일교회예요."

"……"

갑자기 아버지가 말씀이 없으셨다.

한동안 침묵이 흐른 뒤 수화기 너머로 아버지의 흐느낌이 들렸다.

"아들아, 내가 지금까지 한 번도 교회 나간 적 없이 청년 때 회심했다고 생각했는데 오늘 기억해보니 내가 어릴 적 몇 번 교회를 다닌 적이 있구나! 내가 어릴 적 한두 번이지만 처음 나가본 교회가 바로 주산제일교회란다."

고등학교 시절 문제아요 싸움꾼이던 자신을 모두 피하고 무서워했는데 한 여학생이 당돌하게 자신에게 교회 다니라고 전도를 했다는 것이다. 당시 주산제일교회에서 피아노 반주를 하는 자매였는데 손인가 눈인가에 장애를 가지고 있었던 것으로 기억한다고 하셨다. 그 자매의 전도로 한두 번이지만 교회에 나가 예배를 드린 적이 있다는 것이다.

그렇다면 우리 집안에 처음으로 복음의 씨앗을 뿌려준 영적 고향 교회가 주산제일교회인 셈이다. 그 사실을 알고 강단에 선 집회 마지막 저녁 시간은 서로에게 감동과 눈물의 시간이 되었다. 집회를 마치고 나는 우리 집안에 복음의 씨앗을 뿌려준 주산제일교회 성도들에게 감사의 큰절을 올렸고 모든 성도가 일어나 눈물로 박수를 쳐주셨다.

평생 그 교회를 섬기신 원로 장로님들에게 우리 아버지에게, 아니 우리 집안에 처음으로 복음을 전하고 전도해주신 분에 대해 여

쭈었고 그 분이 안양 어디엔가 사모님이 되어 계신다는 소식을 들었다. 그 분은 말썽쟁이 고등학생 '안봉규'(아버지 성함)를 어떻게 기억하고 계실까? 전도하려고 애썼지만 한두 번 나오고 교회에 발걸음을 끊어버린 실패한 전도로만 기억하지는 않을까? 아니, 기억이나 하시려나?

기억조차 없는 사람일 수도 있을 것이다. 그런데 자신이 뿌린 복음의 씨앗, 전도의 씨앗이 어디선가 이렇듯 열매를 맺어서 그 사람이 목회자가 되고 일평생을 은혜롭게 목회하다가 여정을 마무리하고 은퇴했으며, 그 아들이 대를 이어 목회자가 되고 전국 수많은 교회에 말씀을 전하며 선한 영향력을 전하는 설교자가 되었으리라고는 상상도 못 하고 있을 것이다.

이 책을 읽는 독자들 중에도 그런 사람이 있으리라. 모태신앙이 아니고 성인이 되어 예수님을 영접하고 신앙생활을 시작했지만 어린 시절 한두 번 교회를 나간 적이 있는…. 주일마다 나를 깨워 교회 데려가려고 집까지 찾아오셨던 주일학교 선생님은 당신을 '그렇게 애정을 쏟았건만, 여름성경학교 몇 번 나오고 성탄절에 나와서 빵만 먹고 결국은 교회에 나오지 않은 실패한 전도 대상자'로 기억할지도 모른다. 하지만 지금 그 씨앗이 이렇듯 멋지게 자라 열매 맺히지 않았는가?

전도의 열매는 반드시 거둔다

우리는 전도를 실패했다고 생각하며 낙심할 때가 많다. 하지만 전도에는 절대로 실패가 없다. 왜 실패한 것이 아니냐면, 첫째로 전도는 그 행위 자체가 이미 하나님의 기쁨이기 때문이다.

둘째, 끝난 것이 아니라 아직 진행 중이기 때문이다. 스포츠 중계를 보라! 종료가 얼마 안 남고 경기가 뒤집힐 가능성이 전혀 없어 보여도 종료 휘슬이 울리기 전에는 중계하는 아나운서나 해설자들이 절대로 패배나 승리를 단정하지 않는다. 이것은 스포츠의 불문율이다. 종료 휘슬이 울리기까지, 끝날 때까지 절대로 끝난 것이 아니기 때문이다.

영혼 구원도 마찬가지이다. 실패를 단정 짓지 말자! 그 사람은 전도에 실패한 것이 아니라 아직 전도 중인 것이다. 뿌리내리는 중인 것이다.

셋째, 전도는 포기 없이 반드시 끝까지 해야 할 사명이기에 실패가 없다. 인디언 기우제는 실패가 없다고 한다. 왜냐면 인디언들은 비가 올 때까지 기우제를 지내기 때문이다. 우리도 쉽게 포기해 버리지 말고, 올 때까지 될 때까지 죽을 때까지 사명인 것을 잊지 말고 끝까지 전도하자!

내가 전한 전도지나 복음으로 영혼의 열매가 우리 교회에 와서 맺히는 것도 좋지만 꼭 그래야 하는 것은 아니다. 내가 인과관계는 알지 못하지만 한 영혼이 열매 맺기까지 씨뿌리고 물을 주고 양분을 주고 잡초를 뽑는 등 열매 맺게 하는 과정에서 하나를 감당했으면 되는 것이다.

혹시 아는가? 나는 실패했다고 여긴 전도가 어디에선가 이렇게 멋지게 열매 맺고 하나님의 멋진 구속 역사의 줄기로 당당하게 뻗어나가고 있을지…. 오늘도 실패를 두려워 말고 기대하고 설레는 마음으로, 또 때를 얻든지 못 얻든지 복음의 씨앗을 뿌리는 아름다운 전도자의 삶을 살자! 실망하지 말고 눈물로 씨를 뿌리자. 반드시 그 열매를 하나님께서 거두실 줄 믿는다.

눈물을 흘리며 씨를 뿌리는 자는 기쁨으로 거두리로다 시 126:5

Be blessing 복이 될지라!

세상이 바라고 생각하는 성공의 결말과 신앙인이 추구하는 성공의 결말은 달라야 한다. 그것이 하나님의 뜻이기 때문이다. 아브라함을 향하신 하나님의 뜻을 보라!

내가 너로 큰 민족을 이루고 네게 복을 주어 네 이름을 창대하게 하리니 너는 복이 될지라 너를 축복하는 자에게는 내가 복을 내리고 너를 저주하는 자에게는 내가 저주하리니 땅의 모든 족속이 너로 말미암아 복을 얻을 것이라 하신지라 창 12:2,3

세상 사람들은 번성하고(큰 민족을 이루고), 풍요하고(복을 주어), 영향력과 명예가 생기면(네 이름을 창대하게 하리니) '성공'을 이루었다고 생각한다. 그들에게는 이것이 축복의 완성이고 종결이다.

하지만 하나님의 생각은 달랐다. 하나님은 여기서 복을 멈추라 하지 않으신다.

"내가 네게 번성과 풍요와 영향력을 줄 터이니 너는 복이 될지라!"

한글개역성경은 이 부분을 "너는 복의 근원이 될지라"로 표현했다. 그렇다. 하나님의 백성에게 성공과 축복의 종결은 나 혼자 잘 먹고 잘사는 것이 아니라 내게 주신 축복을 통해 다른 사람도 행복하게 만들고 내 복을 흘려보내 주는 것이다. 하나님은 말 그대로 내가 복의 근원지가 되기를 원하셔서, 네가 받은 복이 잘 흘러가서 열국과 열방과 이웃을 복되게 하는 축복의 마중물과 근원이 되라고 분명하게 명령하셨다.

어릴 적 나는 주일학교에서 다윗과 골리앗의 이야기를 들으면 흥분하고 신이 났다. 다른 아이들은 어린 다윗이 골리앗을 때려눕히는 장면에서 열광하고 간식 먹으러 가버렸지만 나는 그다음 장면이 더 멋있었다.

불과 조금 전까지 이스라엘의 병사들은 골리앗 앞에서 주눅이 들어 절망하며 죽어가는 모습이었다. 이미 패잔병 같던 오합지졸

병사들이 다윗의 승리를 신호탄으로 갑자기 사자처럼 돌변하여 전의를 회복하고 다시 칼을 들고 블레셋 진영으로 뛰어들어 그들의 목을 베기 시작한다.

얼마나 두려웠으면 무려 40일 동안 주야로 하루 두 타임씩 나와 시퍼렇게 살아계신 하나님을 모독하는 블레셋 장수 골리앗의 조롱을 듣고만 있었겠는가? 바위 뒤, 동굴 속, 수풀 속에 숨어서 벌벌 떨고 각자 싸우지 못하는 이유와 변명만 늘어놓으며 "안 된다", "못 한다", "포기하자", "도망치자", "불가능하다", "항복하자" 하던 병사들이었다.

쪼다 같고 찌질한 모습으로 절망해 있던 이스라엘 병사들이 다윗의 승리로 인하여 다시 용사로 되살아난 것이다. 다윗의 승리가 조막만한 소년의 가슴에만 머물러 있는 것이 아니라 민족들과 시대 속으로 확산되고 거룩하게 전염되어 간 것이다. 이것이 바로 복의 근원이 되는 삶이다.

나는 어릴 때부터 다윗과 같은 인생을 살게 해달라고 기도했다. 물론 목사가 될 것이라고는 생각하지 못했지만 나는 어떤 분야든 성공하고 잘되어서 주변 사람들을 살리고 회복시키고 함께 희망을 품게 만드는 인생을 살겠다고 다짐했다. 어느 날 내 모습과 삶을 보니 그렇게 살고 있다.

여러분이 하나님께서 주신 물질, 건강, 시간, 재능, 영향력을 잘 흘려보내는 건강한 인생들이 되었으면 좋겠다. 나 혼자 잘 먹고 잘사는 인생, 성공과 축복의 환희와 기쁨의 웃음소리가 자기 집 울타리를 넘지 못하는 인생은 불행하며, 그것은 천박한 축복 싸구려 성공을 누리고 있다는 증거이다.

교회도 마찬가지이다. 우리에게 주신 부흥도 은혜도 지역과 시대와 작은 교회들에게 잘 흘러가야 한다. 싸구려 부흥, 천박한 은혜에 빠지지 않고 교회 공동체의 건강함을 유지하기 위해 하나님께서 주신 목적대로 잘 흘러보내는 교회가 되길 소망한다.

우리 자녀가 우리의 땅끝이다

"나는 변변한 물질도 영향력도 없다"라고 탄식하는 자가 있는가? 아무리 아무것도 없다 해도 주님을 내 구주로 영접할 믿음이 있지 않은가? 주신 은혜가 있지 않은가?

꼭 눈에 보이고 티가 나는 물질과 영향력, 재능이 아니더라도 내가 받고 누리는 은혜와 믿음도 잘 흘러보내고 전달해야 한다. 내가 받은 은혜를 통해 누군가도 함께 은혜를 받고, 내게 주신 믿음으로 말미암아 누군가에게도 주님을 믿는 믿음이 생겨나야 한다. 가장 귀한 복인 '복음의 근원'이 되는 성도와 교회가 되자! 이것이 바로 선교와 전도의 사명이다.

하나님께서 나에게 주신 믿음과 은혜는 나 혼자 누리라고 주신 것이 아니다. 확산되어 흘러가야 건강한 신앙이다! 가족에게, 이웃에게, 열방에 전달되고 흘러가는 복음이 되어야 한다는 뜻이다.

> 오직 성령이 너희에게 임하시면 너희가 권능을 받고 예루살렘과 온 유
> 대와 사마리아와 땅끝까지 이르러 내 증인이 되리라 하시니라 행 1:8

그런데 지금 이 시대의 모습을 보면 땅끝은 물리적으로 멀리 떨어진 곳이 아니라 바로 내 자녀들일 수 있다. 다음세대가 우리의 땅끝인지도 모른다.

지금 우리나라 청소년의 복음화율이 2.8퍼센트를 밑돌고 있다. 선교학에서는 복음화율 3퍼센트 미만의 종족을 미전도 종족이라 부른다. 그렇다면 우리 자녀들이 다음세대들이 미전도종족일 수 있다는 말이다. 섬찟한 현실이지만 직시하고 받아들여야 한다.

우리만 열심히 신앙생활하고 교회 다닐 것이 아니다. 자녀들에게 복음을 흘려보내고 믿음을 전수하고 신앙을 유산으로 상속할 때 비로소 우리에게 주신 믿음과 은혜의 사명을 완수하는 것이다.

> 바로가 그들에게 이르되 내가 너희와 너희의 어린아이들을 보내면 여
> 호와가 너희와 함께함과 같으니라 보라 그것이 너희에게는 나쁜 것이
> 니라 그렇게 하지 말고 너희 장정만 가서 여호와를 섬기라 이것이 너희
> 가 구하는 바니라 이에 그들이 바로 앞에서 쫓겨나니라 출 10:10,11

거듭되는 재앙에 손을 들고 할 수 없이 출애굽을 허락해야 했던 바로가 마지막으로 제시한 거래조건은 무엇인가? 다름 아닌 다음 세대이다. 어른들, 장정들만 떠나고 너희 자녀들은 두고 가라는 것이었다. 오늘날 이 시대가 우리에게 바로와 동일하게 제안하고 있다.

"너희만 열심히 신앙생활 해! 네 자녀들은 공부하게 그냥 놔둬! 요즘 취업 전쟁이 얼마나 치열한데! 나중에 여유로워지면 그때는 다 교회로 돌아오고 신앙생활 잘할 거야."

당신도 이 달콤한 제의에 속고 있는 것은 아닌가? 이 시대의 악한 거래조건을 받아들이고 타협 중인 것은 아닌가? 단호하게 거절하라! 우리 자녀들을 함께 데리고 가자, 가나안으로 천국으로!

흘려보내는 복된 삶

한의학의 기초가 바로 '통즉불통, 불통즉통'(通卽不痛 不通卽痛)이다. 잘 흐르고 통하면 통증과 아픔이 없지만 불통, 즉 흐르지 않고 막히고 고여 있으면 통증과 병이 온다는 것이다.

우리의 삶도 신앙도 다르지 않다. 나에게 주신 물질, 나에게 주신 지식, 나에게 주신 재능, 나에게 주신 영향력이 잘 흘러가고 있는지 점검해보자. 그 건강한 흐름이 막히면 주신 축복은 변질되고 오염되어 오히려 나를 파멸하는 나의 우상이 된다.

하나님은 출애굽한 이스라엘 백성에게 성막을 지을 것을 명하시고 친히 그리신 설계도를 모세를 통해 전달하셨다. 어찌 보면 너무 화려하고 진귀한 재료들이 사용되어 사막의 여정 중에 있는 그들에게는 성막 건축이 불가능할 것 같았지만 거두어 보니 그들이 다 소유하고 있는 것들이었다. 하나님은 출애굽 당시 이것을 위해 애굽 사람들에게서 금과 은과 모든 패물을 다 얻게 하신 것이다.

> 이스라엘 자손이 모세의 말대로 하여 애굽 사람에게 은금 패물과 의복을 구하매 여호와께서 애굽 사람들에게 이스라엘 백성에게 은혜를 입히게 하사 그들이 구하는 대로 주게 하시므로 그들이 애굽 사람의 물품을 취하였더라 출 12:35,36

하나님께서 주신 물질과 축복에는 주신 목적과 이유가 다 있다. 그런데 그것을 원하실 때 그 뜻대로 드리지 못하고 흘려보내지 못하면 어떻게 되는가? 결국 하나님을 대신하고 의지할 나의 금송아지를 만들게 되고, 물질과 축복이 나의 맘몬, 나의 우상이 되고 만다. 나에게 주신 가장 소중한 축복이 나를 파멸로 이끄는 우상이 되어버리는 것이다.

옹달샘이나 우물은 계속 퍼내어 사용하면 맑은 물이 솟아나와 깨끗함을 유지하지만 퍼내지 않고 사용하지 않으면 막혀서 결국은 오염되고 썩게 된다. 우리에게 주신 축복들도 잘 흘러가야 건강하게 유지된다.

하나님의 택하신 사람들은 자기 혼자 잘 먹고 잘살지 않는다. 하나님의 택하신 교회는 그 교회 하나 잘되고 끝나지 않고, 그 교회 때문에 그 주변이 잘되고 지역이 잘되며 그 시대와 민족이 잘되는 놀라운 축복의 흐름이 있다. 이것이 하나님께서 택하신 백성의 진정한 축복의 완결이다.

당신이 세상 사람처럼, 불신자처럼, 이방인처럼 살지 않고 하나님의 택하신 사람답게 살기를! 흘러가지 않고 막혀 있는 모든 것이 이제는 하나님의 계획과 목적대로 잘 흘러가서 우리 영혼과 교회의 건강함이 회복되고 살아날지어다!

너는 복이 될지라!

You will be a blessing!

시퍼렇게 살아계신 하나님

초판 1쇄 발행   2020년 7월 22일
초판 11쇄 발행   2024년 10월 23일

지은이   안호성

펴낸이   여진구
책임편집   최현수
편집   이영주 박소영 안수경 김도연 김아진 정아혜
책임디자인   조은혜 | 마영애 노지현
홍보 · 외서   진효지
마케팅   김상순 강성민   마케팅지원   최영배 정나영
제작   조영석 허병용   경영지원   김혜경 김경희

303비전성경암송학교 유니게 과정
이슬비전도학교 / 303비전성경암송학교 / 303비전꿈나무장학회

펴낸곳   규장

주소 06770 서울시 서초구 매헌로 16길 20(양재2동) 규장선교센터
전화 02)578-0003   팩스 02)578-7332
이메일 kyujang0691@gmail.com   홈페이지 www.kyujang.com
페이스북 facebook.com/kyujangbook   인스타그램 instagram.com/kyujang_com
카카오스토리 story.kakao.com/kyujangbook
등록일 1978.8.14. 제1-22

ⓒ 저자와의 협약 아래 인지는 생략되었습니다.
이 출판물은 저작권법에 의해 보호를 받는 저작물이므로 무단 전재와 무단 복제를 할 수 없습니다.

책값 뒤표지에 있습니다.
ISBN 979-11-6504-105-2 03230

규 | 장 | 수 | 칙

1. 기도로 기획하고 기도로 제작한다.
2. 오직 그리스도의 성품을 사모하는 독자가 원하고 필요로 하는 책만을 출판한다.
3. 한 활자 한 문장에 온 정성을 쏟는다.
4. 성실과 정확을 생명으로 삼고 일한다.
5. 긍정적이며 적극적인 신앙과 신행일치에의 안내자의 사명을 다한다.
6. 충고와 조언을 항상 감사로 경청한다.
7. 지상목표는 문서선교에 있다.

하나님을 사랑하는 자 곧 그의 뜻대로 부르심을 입은 자들에게는 모든 것이 合力하여 善을 이루느니라(롬 8:28)

 Member of the
Evangelical Christian
Publishers Association

규장은 문서를 통해 복음전파와 신앙교육에 주력하는 국제적 출판사들의
협의체인 복음주의출판협회(E.C.P.A:Evangelical Christian Publishers
Association)의 출판정신에 동참하는 회원(Associate Member)입니다.